纐纈 厚

共謀罪・自衛隊・安倍政権

権力者たちの罠

社会評論社

権力者たちの罠

共謀罪・自衛隊・安倍政権

目次

第Ⅲ部　安倍政権論と改憲問題

1　改憲から〝壊憲〟へ——安倍政権の危険な位置——162

選挙戦に臨んで――「おわりに」にかえて――243

はじめに　権力者たちの罠から解放されるために

二〇一五年七月一日の集団的自衛権の行使容認の閣議決定から、同年九月一九日の安保関連法制の国会での強行採決を経て、二〇一七年六月一五日、共謀罪が国会で、これもまた強行採決された。文字通り、日本は新たな政治状況を迎えている。安保関連法や共謀罪を語ることが、同時に現代日本の政治をストレートに語ることとなるのは論を俟たない。もうひとつ、いわゆる安保体制が強化されるのに反比例して、日本の民主主義が劣化を余儀なくされていくという実態がある。つまり、安保至上主義が日本政治に浸透していく過程は、戦後日本政治の原理であったはずの戦後民主主義が〝戦後軍事主義〟へと変容を迫られる過程でもあった。その意味からも、安保を考えることは民主主義を考えることになるのである。

しかし、民主主義を考え、その成熟に向かって進もうとする運動や思想をも、共謀罪は多様な形式をもって封印するものとして機能するはずである。この国と社会と、我々自身の自由・自治・自立のために懸命に活動する全ての人々が、平時にあって自己規制を迫られることになりかねない。まさに窒息状況下で、この国の監視社会化が一層進み、国家権力の戦争への暴走を阻むことが困難になる。それればかりではない。この社会に潜在する抑圧・差別・貧困など、ヨハン・ガルトゥングの言う構造的暴力を解消するための真っ当な活動も、不自由さを囲うことにもなろう。

現在までにも、数多くの共謀罪に関する見解や評論が出されている。共謀罪の成立以前から私も、いくつかの新聞・雑誌にコメントを求められてきた。このうち、「共謀罪と私たち」と題したコメントを以下に再録しておきたい。

「共謀罪」に強く反対しています。そんなことを言うと「おまえはテロ対策に反対なのか」と言われかねないのですが、政府が目指す「国際組織犯罪防止条約」の批准には賛成です。政府が条約を共謀罪と結び付けるやり方に大きなごまかしがあるから反対しているのです。

重要なのは、この条約はマフィアによる資金洗浄など経済的領域に関するものであり、テロなどの政治的領域の犯罪とは直接関係ないということです。批准に必要な国内法の整備は現行法で十分であり、共謀罪は不要です。無理やり結び付けたいためにテロ対策を持ち出したと言わざるを得ない。「それでもテロ防止の手だてが増えるならいいではないか」と言う方がいるかもしれませんが、テロ対策についても、現行法で犯罪の準備段階での摘発が可能なのです。

共謀罪の最大の問題は刑法の原則を大きく逸脱する点です。現行の刑法では既遂での摘発が原則。加えて未遂でも処罰される。ところが共謀罪の原案によれば、重大な犯罪に限り、「準備行為」でも処罰の対象とされる。共謀罪の特徴は計画や合意だけで犯罪が成立すること。それで「準備行為」をしていない者も処罰の対象となる。言論の自由にとって深刻な脅威となることは必至です。

共謀罪の本当の目的は何か。米中枢同時テロ以降、先進諸国では監視社会の強化につながる法整備が進められています。監視や管理による国民情報の把握、警察権力強化への重大な一里塚として「共謀罪」が想定されているととらえるべきです。「特定秘密保護法」「安保関連法」との文字通り三位一体で、安倍首相の言う「戦後レジームからの脱却」、事実上の「戦前レジームへの回帰」が法的に担保されることになります。

思い出されるのは第二次大戦前の治安維持法です。政府当局は「細心の注意を払い乱用しない」「社会運動が抑圧されることはない」などと発言していました。事実はどうだったか。当初、取り締まりの対象は社会主義者でしたが、やがて新宗教や自由主義者らにまで拡大し、約七万五千人が送検されました。

監視による閉塞した社会が戦争を生み出したことを歴史が示しています。こわもての政治が国の内外に耐えがたい惨禍を招くことを、歴史の知見として心に刻むべきです。

（『東京新聞』（『中日新聞』）二〇一七年四月八日付）

私は歴史研究者としての視点から、戦前期の歴史を教訓とすべきだと強くうったえたのである。もちろん、戦前と戦後の違いは多々ある。戦後日本は、一九五一年以降、一貫して戦後の〝国体〟とも言える安保体制によってがんじがらめにされてきた。いわゆる、安保至上主義によって軍事主義の浸透を許していく限り、戦後日本社会が目標としてきた民主主義の成熟は全く望めない。そして、ここでいう軍事主義の浸透を具現していく役割を果たす組織としての、自衛隊の役割が一段と大きくなっている。

そうした戦後日本の悪しき〝国体〟が、ここに来て一気に日本の「警察国家」「軍事国家」の完成として前面化しようとしているのではないか。そうした問題意識や問題関心を多くの方たちと共有する必要性を痛感してきた私は、急ぎ本書をまとめることにした。

それで本書では、先に記した共謀罪に関する私のコメントを踏まえつつ、まず「**Ⅰ　共謀罪で拍車かかる監視社会への道**」で、共謀罪が再び登場してきた背景としての、戦後日本における有事法制の問題を繰り返し追及する。ここでのキーワードは「監視社会」である。戦後民主主義の成熟に向けて、平和運動や人権擁護のための活動などが果敢に展開されてきた。しかし、その方向性とは真逆の国家観念が、常に時代を並走してきた。それは再浮上の機会を窺い、様々な治安立法を次々に仕立て上げ、日本を監視社会の方向へと再編していくことになる。

圧倒的な反対運動にもかかわらず、二〇一五年九月一九日に強行採決された、いわゆる安保関連法制のなかで一括成立させられた一連の有事法制の成立前後に焦点を当てつつ、その法制の危険性をあらためて確認しておきたい。有事法制整備の過程を追いながら、その具体的な内容と危険性とを確認していく。この部分は、拙著『監視社会の未来』（小学館、二〇〇七年刊）や、『侵略戦争と総力戦』（社会評論社、二〇一一〇年刊）など、これまでの有事法制関連の書物を基底に据えつつ論述する。

「**Ⅱ　自衛隊はどうなっているのか**」においては、昨今、安倍政権と異様なまでの一蓮托生ぶりを発揮しつつ、「専守防衛」の基本姿勢をかなぐり捨てて、集団的自衛権の行使容認決定を背景に政治集団化している自衛隊組織の現状を追った。

最近の南スーダンへの派遣と撤収という動きのなかで、「日報」問題が浮上し、自衛隊制服組の隠蔽体質が露呈されるに至った。文民である防衛大臣もまた、国民を愚弄する答弁を繰り返したことは記憶に新しい。いったい、「武力衝突」と「武力紛争」の違いを本当に説明できる、と考えているのであろうか。憲法上「武力行使」という文言が使用できないことから、用語の上では「駆けつけ警護」及び「武器使用の緩和」の実行ということになったが、言葉の言い換えで事の真相を直視させず、また実態を明らかにしないまま、その政策意図を強行しようとする安倍政権の不誠実さに憤りを感じる。

アメリカの近未来における軍事戦略としての「オフショア・バランシング」（沖合均衡戦略）においては、平時においてはアメリカの軍事力が文字通り〝沖合〟に後退し、日本と韓国とが対中国戦線の前面に押し出される格好となる。これは実は、トランプ大統領の登場を待たずとも、アメリカの軍事戦略において「エア・シー・バトル戦略」からの転換は時間の問題ともされてきたのであった。トランプは、その路線を継承するに過ぎない。

その結果として、自衛隊の行動範囲はますます拡大の一途を辿ることになろう。それを先取りするように、二〇一七年度には陸上自衛隊組織において注目すべき改編が実施される予定である。すなわち、「平成二九年度概算要求」において編成が進められることになった「陸上総隊」の設置である。これは現行の五個方面隊に分割されている陸上自衛隊部隊の上位組織として、新たな組織が創設されることを意味する。それは陸上自衛隊の一元的運用に適合的な部隊であり、この運用を所掌するのが陸上総隊司令となる。陸上総隊司令は、戦前で言えば参謀総長に相当し、指揮作戦立案を直接担う、統幕議長に次ぐ〝陸自ナンバー2〟の位置となる。

陸上自衛隊の部隊が五個方面隊に分割配置されたのは、何よりも陸上自衛隊部隊がクーデターなどを引き起こす可能性を抑制するためであった。万が一にも一方面隊がクーデターを起こしても、他の方面隊が鎮圧することが可能であったからとされる。しかし、陸上自衛隊が五人の方面隊司令ではなく一人の総隊司令により指揮されることになると、自衛隊の一元的かつ統一的な動きが顕在化する可能性が出てきた。五個方面隊の解散と統合をコンセプトに進められた陸上組織改編は、自衛隊内部での未調整によって当面、五個方面隊も残存することになったが、いずれ解散と統合というコンセプトが実体化されるであろう。

このように、昨今の自衛隊の組織改編や自己規定を含め、自衛隊を取り巻く環境は、恐ろしいくらいのスピード感を持って変化している。そこで、ここに至った経緯をもう一度振り返り、自衛隊の変容ぶりをしっかり把握しておく必要があろう。この部分は雑誌『世界』『前衛』『現代思想』に発表した評論をもとに構成される。

最後の「Ⅲ　安倍政権と改憲問題の現在」において、これまで筆者が各地でおこなった講演録を収録した。ここでは安保関連法の強行採決から、昨今の共謀罪成立の目論見、そして自衛隊の変容に拍車をかけてきた安倍政権の何が問題かを語っている。とりわけ、自民党の「憲法草案」に盛り込まれた自衛隊の「国防軍」化の問題に触れつつ、何ゆえに自衛隊を国防軍にしようとしているのかという点についての答えを出そうとした。その一つとして、自衛隊の行動範囲を広げ、行動規制を解除するためには、現行憲法を潰し、「国防軍」を日本の国家利益、実は企業利益に活用したいとする政治的な意図が透けて見えていることを強調した。

すなわち「国防軍」とは、日本の文字通りの「国防」を担うという以上に、海外における日本の企業活動を軍事的にサポートする役割が期待されているのである。つまり、軍事力に担保された海外企業活動の拡充が大きな狙いとされている。そうした要請を組織拡充のチャンスとして積極的に受け止めている、自衛隊内部の動きもますます勢いづいている感がある。その意味で、自衛隊の変容を後押しする安倍政権について、その危険性を指摘していく。

この問筆者は、自衛隊問題や安倍政権について、様々な場で発言してきたが、一貫して思わざるを得ないのは、これだけ日本社会を不安に陥れ、アメリカをも含めた国際社会のなかで、表向きの華々しさとは裏腹に日本への警戒感ばかりを募らせ、不安視されている安倍政権が、それでも支持率が本年（二〇一七年）七月二日実施の東京都議会選挙まで、五〇％台前後を維持していた現状の不思議さである。私は以前から、安倍政権への高い支持率の背景には、国民世論形成に向けて、巧みな罠が幾重にも仕掛けられているのではないか、と思ってきた。安倍政権が次々に繰り出す、例えば「アベノミクス」、「戦後レジームからの脱却」、「美しい日本」などといった諸政策や言動に、極めて巧みな罠が仕掛けられ、その術中にはまってしまっている国民・世論があるように思われてならないのだ。第Ⅲ部におさめた講演録において、私は何度か「これは権力者たちの罠」だという語りを口にしている。本書の書名は、そうした思いから命名した。

そもそも「罠」とはなにか。一説には、「国民」の「民」とは、逃亡を防ぐために目を針で突いて目を見えなくした奴隷を表し、強者（＝権力者）によって支配下におかれる人々の意味があるという。そして、「民」の上に「网」（網）が被さり、「罠」の文字が形成されたとされる、つまり、「罠」とは「网」と「民」との会意兼形声文字である。その意味で「罠」の意味するところは興味深い。

現在もなお権力者たちの罠が、国民（市民）に仕掛けられ、それが現時点では功を奏しているようだ。その意味で私たちは、安倍政権の「罠」がどこに仕掛けられ、その目的が何であるかを問い続けなくてはならない。そして、その「罠」から解放されるための議論と運動を、一層力強く進めていくことがますます求められているように思う。本書が、そのための一助になれば幸いである。

第Ⅰ部

共謀罪で拍車かかる監視社会への道

1　監視社会化する日本

「夜警国家」から「警察国家」に

戦後政治を振り返ると、日本は平和憲法を維持しながらも、日米安保条約を主軸とする日米同盟によって軍事国家としての様相をも見せてきた。すなわち、一九四五年の日本敗戦から一九八〇年代まで続いた東西冷戦体制にも支えられ、アメリカの圧力と要請という口実のもと、日米安保条約は、経済同盟から軍事同盟の性格を色濃くしてきたのである。

そのような背景のもとで、戦後日本が追求してきた市民一人一人の責任を踏まえた自由社会・市民社会の構築という目標は、明らかに国家主導による「国民」管理と統制を目標とする管理社会・監視社会へと変貌を遂げていった。

事実、日本社会の特徴を表す用語として、特に一九八〇年代以降において、「監視社会」という言葉が頻繁に用いられるようになっている。それは、国家によって国民が監視される社会を意味するだけでなく、国民同士が相互に監視し合う「国民相互監視社会」としての意味をも含む。管理社会とは国家の統制や強制の結果生み出される社会であるのに対して、監視社会とは国民が自ら参加して形成される社会である。換言すれば、管理社会は外圧として、監視社会は内発として成立し、機能する社会である。

なぜ、現代の日本は、そのような監視社会となっているのか。理由として考えられるのは、一つには、ひとりの市民が抱く、安全への過剰なまでの危機意識である。だが、その危機意識は、地震や台風など自然災害への危機意識ではなく、自らの地位や財産、そして、地域社会や国家自体を脅かす対象への警戒心と不安感から生まれたものである。

そうした不安感を理由として、国家及び警察は、テロリズムや拉致事件などを引き合いに出しながら、「治安の強化」を近年特に強調するようになった。二〇〇一年九月一一日に起きたアメリカにおける同時多発テロ以後、世界的に広がった市民社会を射程に据えた治安強化の流れを受ける格好で、日本でも、警察自らの自己規定の変容が著しい。例えば、『警察白書』(二〇〇四年度版)には、「治安の回復には、警察のパトロールや犯罪の取り締まりだけでなく、警察と関係機関、地域住民が連携した社会全体での取り組みが必要である」との記述が散見される。こうした基調トーンは、現在まで不変である。市民への治安問題についての関心を引き出しながら、その対応策として、警察への住民協力からさらには住民相互の連携、そして相互監視の必要性が暗に仄めかされている。

警察や政府が煽る危機感それ自体は、メディアや口コミなど、様々な媒体を経由してもたらされる。一市民のレベルでは、必ずしも確認しようのない危機の存在が市民社会へと拡がっていき、やがて危機意識となって市民の意識に沈殿していく。それが、ある種の政治的思惑のなかで政治的に利用されるとき、結果としてこの国の社会は、監視社会としての性格を色濃くしていくのである。

国家が監視社会化へのレールを敷き、その実行部隊として警察が先導者となり、安全対策と称して様々な住民組織を地域社会に立ち上げていく。それは学校や病院といった公的な空間に留まらず、家庭などの私的な空間にまで及ぶ。安全対策や危機対応という、それ自体否定し難いスローガンの前に、あまたの地域住民が動員されていく。そうした動きの向こうに、かつてのような国民動員体制が敷かれる可能性は、もはや決して予測ではすまされない段階にきているように思われてならない。

孤高のジャーナリストとして健筆を振るい続けた石川真澄は、アメリカの同時多発テロ発生以前から、早くもそれを見越したかのように、すでに一五年以上も前の二〇〇一年六月に、「周辺事態法、国旗・国歌法、盗聴法など一九九九年に成立した『国の力』顕示諸法以来、私は疑い深くなっている。……困難な経済の問題や、それを論じる政治家たちのパフォーマンスに目を奪われている間に、私たちの民主的諸権利がじわじわと狭められていなければいいのだがと思うのである」(石川真澄『戦争体験は無力なのか』岩波書店、二〇〇五年)と記していた。石川の危惧は、共謀罪が成立した現在の情勢を加味していえば、残念ながら現実のものとなってしまった。石川の言う「国の力」によって、監視社会が創り出されているのである。

監視社会とは、市民の自立や自由を制限し、国家の論理が最優先される社会である。そこでは、市民の抱く安全への脅威や不安の解消を国家が請け負うこととされ、その代わりに市民の自由と自立を抑制する。そこでは防衛が国家の専管事項であるとする主張と同様に、個人の安全も国家によって保守され、管理されることになる。その結果として、市民の安全も自由も、国家の論理によってのみ担保されることになる。

市民は安全を国家に委ねる代わりに、自らの自由をも半ば放棄することを義務づけられる。こうした国家の論理が、法体系のなかで具体化されようとする試みが、戦後一貫して続けられてきた。今後さらに、動かしようのない監視社会へと直進してしまうのか、それとも市民の自由と自立が保障された健全な市民社会へと成熟していくのか、私たちは、いまやその岐路に立たされている。

自由主義国家観を意味する「夜警国家」から、個人生活に過剰なまでの干渉を敢えて行い、官憲的権威を振りかざす国家を意味する「警察国家」への変貌に、私たちは向き合っているのである。共謀罪は、そうした「警察国家」を一段と高度化する法律であり、その結果、自由・自治・自立を基本とする「市民」によって構成される「市民社会」は崩壊するであろう。

監視社会と国民動員

ポスト冷戦の時代に強引に押し進められてきた一連の有事法制のなかで、浮上してきた軍事(=戦争)対応型の社会という意味を込めて、「国民監視社会」と指摘することが可能な実態が、いよいよ露わになってきた。そのことを踏まえ、監視社会のなかで有無を言わせず進行する「国民動員」という現実を捉え返す必要がある。

この場合の国民動員とは、直接に戦争へと国民を動員するという意味だけではない。むしろ現実には、一つの論理や価値を受容することを強要し、これに従うことを含意している。

例えば、日の丸・君が代の法制化に示された、ある種の歴史の封印と愛国主義の強制も、ここで言う国民動員という意味に該当する。この国民動員は、最終的に現代版総力戦体制を敷くことで、自動的に戦争や戦時体制の日常化に連続していく。それはまた、戦前期日本の歴史過程を示した姿でもある。言うならば、戦前の総力戦体制が、相応に洗練された形態を整えた戦後版総力戦体制として、いま再び蘇ってきたのである。私はそれを、「監視社会」と「国民動員」という二つのキーワードにおいて、日本の現段階を把握するための分析用語としたいと考えている。

振り返ってみれば、日本はアジア太平洋戦争に敗北し、新たな戦後国家の創造という課題を背負った。それは日本国憲法、とりわけ第九条の条文に示されたように、非武装平和主義を掲げ、軍隊や軍事に関わる一切のものを放棄するものであった。それは当然ながら、平時の戦時化や戦時の平時化という、戦前型の国家のありようを全面否定したことを意味していた。

戦前期の国民監視・動員システムが、軍機保護法や国防保安法に代表される、いわゆる防諜法によって機能していたことから、戦後はこの防諜法が全廃された。国民の監視や動員は、上からの法律によってだけでなく、国民同士の相互監視や外国人監視を奨励する様々な法律も用意されていたが、これもまた廃棄された。

ところが、戦後になって再び防諜法整備の動きが始まった。その嚆矢は、一九五八年に自民党治安対策特別委員会が発表した「諜報活動取り締まり等に関する法律案の大綱」であった。戦後の防諜法整備の流れのなかで、現在法制化されてしまった国民保護法をはじめ、多くの防諜法が登場するに至っている。それは、成立を許してしまった共謀罪に関する法整備に繋がっている。

戦後日本の社会は、自由と民主主義を基調とする市民社会であったはずであり、そこでの国家と国民との関係は、明らかに国民が国家を「監視」することはあっても、その逆はあり得ないという関係を保つことであった。しかし、国家・政府の一連の動きの根底には、国民監視体制の整備が、国家にとって不可欠の要素だとする認識が強く存在している。

近代憲法の目的は、権力を委託された国家が、その権力を濫用し、市民の人権を侵すことがないように、また、国家が国民の意思に反して戦争発動に至らないように監視・要請する手段として位置づけられていたはずであった。だが、自民党が二〇一二年四月二七日付で公表した「日本国憲法改正草案」に流れる憲法観念は、それとは全く逆の関係で捉えようとするものである。国家が市民を監視・統制するという論理が貫徹されているのである。そして、そのような論理から、国民監視・動員システムが準備されるのである。

起動する国民監視・動員システム

かつて日本の明治国家は、国民（明治憲法下では「臣民」と呼ばれた）を管理し、戦争時にはそれをたやすく動員するために、平時からの国民管理システムを用意した。それが民衆動員・管理システムとして、戦時にはその成果を確かに発揮していく。その限りでいえば、平時の戦時化、あるいは戦時の平時化というのが実態として浮かび上がってくる。

一方で、国民の権利も自由も著しく制限され、不当な人権侵害が横行した。国家が人権を日常的に侵害し続けていたのである。その結果、国民は国家の戦争発動への企みを食い止める術を失っていた。戦前の国家が行った戦争発動、そして、国内で抵抗を受けることなく、それを強行することが可能であった原因として、この民衆動員・管理システムの構築は、極めて重大なものであったといえる。

近代日本国家は、実に戦争によって国家を養ってきた戦争国家であった。そこでは、戦争に民衆を動員していくためのメカニズムの整備や国防イデオロギーの流布が、重要な国家政策として認識されていた。民衆は、軍事機密の厚いベールに蔽われた軍事政策や軍事関連情報から一切遮断され、しかも政府・軍当局による情報操作・統制によって、当局に都合のよい情報だけを与えられていたのである。

そのこともあって、民衆は常に正確な情報に基づく軍事政策への批判が許されず、軍事関係の情報は軍当局者か、その関係者によって独占されていた。軍当局者は民衆の基本的人権を徹底して制限し、国家政策とりわけ戦争政策への批判的な活動や運動を厳しく取り締まる方針を変えなかった。

こうした体制を法的に保障していたのが、一連の秘密保護法制である。この法的規制に支えられて実際の政治過程で実施された民衆の監視・統制を目的とする一連の政策が「防諜政策」と呼ばれ、その防諜政策の積み重ねのなかで実体化していった政治システムを「防諜体制」と称する。それは、国民監視社会の完成を意味していた。

戦前期日本における防諜政策は、一八九〇年七月に公布された「軍機保護法」により本格化する。それが日本ファシズムの民衆統合・動員政策の一環として位置づけられることになるのは、第一次世界大戦を境にしている。第一次世界大戦以後の国家総力戦段階においては、より強力な戦争指導体制を確立する手段として、民衆の軍事体制への強制的な統合と、民衆の国家政策への積極的かつ自発的な同調と支持が基本条件となる。こうした相互に矛盾する二面性を解決する手段として、政府・軍当局が採用したのが防諜政策であった。

それはまた、日本ファシズムの担い手によって、民衆動員を可能な限り、抵抗なく進めるうえで格好の手段とされた。同時に防諜政策は、単に秘密保護という名目にとどまらず、民衆の自発的戦争協力のエネルギーを引き出すにも極めて有効な政策であった。

つまり、防諜政策は基本的に二つの側面を合わせ持っていたのである。ひとつは「軍機保護法」や「国防保安法」に代表されるように、法的実行力をともなう治安弾圧法規として表現される側面、もうひとつは、天皇制国家支配原理に連続する日本精神・国防意識を喚起するイデオロギーとして表現される側面である。この両面性をもつ防諜政策が、軍事体制の進行と平行して国民動員という段階から、国民統制・管理、さらには国民監視へと移行していく。そして、一連の防諜対策は、その完全なる履行を理由に、民衆排除・処刑へと突き進む可能性を持った政策であった。

そうした防諜対策は、日本敗戦と同時に消滅した。しかし、現代日本においては、戦前期と全く同様ではないにしても、新たな装いを伴った戦後版の「戦争国家」への道を歩み始めていると捉えられる。

戦争国家への四つの回路

戦後日本における戦争国家への道は、「四つの回路」あるいは「四つの方向」から構想されていると捉えられる。第一に、一九九九年に小渕恵三内閣時代に一気に進められ、省庁再編を口実とした地方分権一括法に示された国家再編の試みである。それは要するに、自治体の抵抗を押さえ込み、中央集権機構の強化を図ろうとしたものであった。戦争国家とは高度な中央集権体制を不可欠とすることから、省庁再編は重大な転換点を意味するものであった。

第二に、「破壊活動防止法」、「団体等規制法」、「組織犯罪対策法」、「通信傍受法（盗聴法）」など、平和思想の抑圧を意図した治安立法群の整備である。これらはすでに実定法となって機能している。これらの法律の内容を細かく吟味すればするほど、実際には赤裸々な治安弾圧立法であることがわかる。

第三に、戦争国家に適合する「国民」の創出を目論んだ「国旗・国歌法」（一九九九年八月一三日公布施行）の制定や、靖国公式参拝などによる上からのナショナリズムの喚起である。国内に極めて大きな反対世論や運動がありながら、強行された教育基本法「改正」などもこれに該当する。国民の思想・精神の管理統制と動員のための施策である。

そして、第四に相当するものが、既述した「周辺事態法」や「武力攻撃事態対処法」、そして「国民保護法」などの、いわゆる有事法（＝戦争法）である。これらの法律群が今後をも含め次々に成立し、円滑に施行されるためには、以上にあげた戦争国家に適合する国家再編、治安法の整備、国民の精神・思想動員が必須の条件となる。

以上挙げた「四つの回路」が、ほぼ横一線に並んだ格好で押し進められているといえる。そして、その一つの到達点が、二〇一五年九月一九日に強行可決成立した通称、安保関連法制であった。それは正式名称を、「我が国及び国際社会の平和及び安全の確保に資するための自衛隊法等の一部を改正する法律」（二〇一五年九月三〇日：法律第七六号）という。政府はこれを「平和安全法制整備法」と通称し、正式名称を「国際平和共同対処事態に際して我が国が実施する諸外国の軍隊等に対する協力支援活動等に関する法律」（二〇一五年九月三〇日：法律第七七号）と合わせて、政府は一括して「平和安全法制」と呼んでいる。

戦争国家は国民の動員を不可避とすることから、地方分権制より中央集権制が適合的であり、国民を動員するためには戦争国家の方向に同意する意識の注入や教化が必要である。過剰な愛国主義の強調である。それでも動員や同意に応じない国民には、平時から治安維持を口実に抑圧的な法体系を用意し、同時に監視と統制のための法律の網を濃密に張り巡らせることになる。共謀罪も、この文脈から把握できる。

軍事国家に適合する「国民」の養成

以上紹介した日本の有事法制や、「国民監視法」として一括して呼ぶことも可能な諸法律のなかで、私たち市民にとって、極めて重大な課題となっているのは、国外に様々な脅威を設定し、危機を煽ることによって内的結合を図り、排外主義を喚起して異端者排除へと向かう動きである。また、「公共」なるものへの「国民」の強制参加の一環として、愛国心教育や奉仕義務の導入を意図した教育改革の断行なども進められようとしていることである。

これらの動きは一見して無関係のように見えるが、それらは底流において相互に深く連動している。様々な法律や政策によって、新たな軍事国家日本への転換が急なのである。全体として一つの方向へ、いまこの国は大きく性格を変えようとしている。

現在みられるこれらの法律や政策の内容は、基本的に戦前軍事国家の形成過程で具現したものであったといえる。それはいま風の言い方をすれば、ナショナル・アイデンティティによる国民教化策として一括できる。内的結合と外敵排除の論理は、実は表裏一体の関係にあることが、軍事国家の生成の問題と絡めて把握することが可能である。

先に示した「四つの回路」のうち、どれか一つが突出する形ではなく、計画的かどうかは別として、ほぼ同時的に押し進められている現実がある。そのなかでは、戦争国家づくりのための有事法制がアメリカにおける同時多発テロ事件以降、やや突出している感を与えてはいるが、これらの回路・方向性は極めて緊密に連繫して出てきているのである。

正真正銘の軍事法としての有事法制は、今日ではほぼ出揃った感がある。成立した有事法制がその内実を発揮していくために、今後は教育基本法「改正」などに典型的に示された、有事法体制（軍事国家体制）に適合する国民の育成が重要な課題とされるはずである。

そして、既存の有事法に孕まれた国民監視と国民動員のための法律や政策も強行されることになろう。その一つは「武力攻撃事態対処法」と表裏一体の関係で産み落とされた「国民保護法」という名の〝国民監視・動員法〟としてすでに存在している。「国民保護」の名による動員は、戦時体制下でなくとも、監視社会のなかで日常的に実行されている点を、繰り返し強調せざるを得ない。国民の監視や動員が日常的に行われ、同時に国民同士による相互監視体制が制度化しているのだ。

ここであらためて強調しておきたいことは、強行可決により成立してしまった共謀罪によって、その濃度を高めるであろう監視社会により、まず地域社会において、住民の相互監視体制が構築されていくことである。自治体や住民は、国民保護法を根拠とする避難訓練を口実に身体と思想とを、権力のもとに取り込んでいく。そして、共謀罪によって、自由な言論や活動が憲法によって担保されてきながら、自粛や自己規制を結果的に強いられる環境に追いやられていくのである。その意味で監視社会とは、平時において〝静かな動員体制〟を着々と敷いていく社会なのである。

監視社会にどう向き合うのか

共謀罪が成立した現在、日本の監視社会化は決定的な段階を迎えている。そうした監視社会に私たちがどう向き合えば良いのか、私見を述べておきたい。

何よりも、今日における監視社会化の方向性が、明確な国家方針として打ち出されていることに注意を払うことである。住民基本台帳ネットワークによる国民総背番号制は、表向きは住民サービスの合理化を理由として挙げられる。そのメリットを全否定するものではないが、それ以上に危惧されるのは、国家による国民の管理である。

問題は、いまなぜ国家による国民の管理が急がれているのか、という点である。その解答を、トランプ米政権成立以降、一段と強化されてきた日米同盟を基盤とする派兵国家日本に適合する戦争を後方で支える、国民の選別と動員とに求めることができる。そのために、住基ネットやNシステムなど、あらゆる国民監視システムや、個人情報保護法をはじめとする、言論の自由をも制限する法整備が実行されているのである。

そうした国家方針に、私たちが隷従することを可とするのか、あるいはこれに逆らうことによって、自由と安全とを私たちの手で守り通そうとするのか、その選択を迫られているのである。そのマクロな視点と判断を、多様で自由な議論のなかで確認することが必要である。

監視社会が招く相互監視体制による市民相互の不信感の醸成が、どれだけ歪つな人間関係を生み出すものか想像してみることだ。斎藤貴男は一〇年以上も前に、「監視社会はただ、世の中を見張る側と見張られる側とに分断していく。そして〝見張られる側〟に分類された人々は、〝見張る側〟にとって都合よくあるよう教育、誘導されてしまう」（斎藤貴男『不屈のために 階層・監視社会をめぐるキーワード』ちくま文庫、二〇〇五年）と鋭く指摘し、監視社会化に警鐘を鳴らしていた。

つまり、監視社会の最終目標は、実に国民を分断し、統治する社会である。国家の権力が一段と増強されるに反比例して、国民は細分化され、共生の機会を剥奪される。無力化した個人は、国家によってたやすく管理・動員の対象となる。

監視カメラの設置に代表されるように、それは市民の安全に寄与するもの、とする通念が蔓延している。監視を安全確保とみなす通念は、安全確保のために国家に自由を売り渡していった戦前期のファシズム体制そのものである。国家によって束ねられる（ファシスモ）ことによって、国家が指定する安全に身を寄せ、実態としては国家に無条件に隷属することによって、安心を得ようとするスタンスである。それこそがファシズムである。

監視社会とは、そのような意味での安全と安心を国民に売りつけ、国家が自在にふるまう体制を築こうとするものである。私たちの自由と安全は、市民相互の自立的で主体的な協力と合意のうえで獲得されるものであるという原理原則を、取り戻す営みが不可欠であろう。

そのような営みに対して、国家は様々な手法によって安全への脅威を振りまき、国家の指定する安全への無条件の受け入れを強要する。時には、言論の自由を平気で犯す行為を敢えてする。現在からすれば、少しばかり遠い記憶となっているかも知れないが、イラク派兵反対のビラを防衛庁集合住宅にポスティングをした市民が逮捕される事件（二〇〇四年二月）など、明らかに市民への恫喝以外の何物でもない。この事件もまた、日常的行為を危険視することで恫喝の対象として逮捕・拘禁してきた戦前の日本と時代を超えて重なり合う。

私たちは、国家による暴力を正当化し、国家の危険な方向に異を唱える市民を排除する監視社会から脱することが求められる。安全や自由の選択権を自らの英知と努力によって確保することが市民社会としては当然あるべき姿であろう。

そのような時にこそ、私たちは自由や平等が、一体どのような社会によって担保されるのか真剣に考え抜かなければならない。そこでは、監視社会が、あるべき市民社会とは相反する社会であることに自ずと気づくはずである。あるべき市民社会の構築によって自由と平等が担保される社会が望ましいのか、監視社会によって創り出されるであろう国内における差別社会・格差社会、外に向かっては排外主義的なナショナリズムを放射する社会が望ましいのか、答えは自ずと明らかであると思う。

私たちはいま一度自由と安全を確保する権利を国家から取り戻さなければならない時代を迎えている。戦前期における濃密な監視社会が結局は平時から戦時にかけて、国民を戦争体制と戦争そのものに動員していったことを教訓とすべきであろう。様々なハイテクを導入した、言うならば戦前と比較にならないほどの超監視社会を迎えている今日にあって、自由と平等が一体何によって確保されるのかという問いを発しつつ、原点に立ち返って再考する時であろう。

なぜ、いま監視社会なのか

一連の有事法（＝軍事法）が成立し、現在、日本国憲法の見直し論議が盛んである。集団的自衛権の行使や教育基本法「改正」、それに「教育勅語」を教材として使用することを認める閣議決定をするなど、愛国心の強要に本腰を入れ始めた日本政府の動きが急である。一体この国はどこに向かおうとしているのか。暗い予感を抱かざるを得ない。確かに戦後日本政治の動きのなかで、振り返れば今日表れているような事態の予兆はあった。しかし、そこでは日本の軍事化・右傾化に抗する世論の強い意志が政治の場に反映され、日本が危険水域へと近づくことを何とか阻止することに取りあえずは成功してきた。

だが、現在の私たちが目にするのは、戦後に培ってきたはずの平和主義や民主主義が音を立てて崩れ落ちるさまである。それがいつから始まった事態なのかと問われれば、私は迷わず、「一九九九年」からだと答えたい。この年こそ、監視社会日本が本格的に登場した年だ。

私は、この「一九九九年」が戦後史のターニングポイントであると位置づけている。一連の有事法制の画期とも言うべき周辺事態法が成立した年である。それは、戦前日本が軍国主義へと大きく舵を切った満州事変（一九三一年）が、戦前史のターニングポイントであったのと同じように、一九四五年八月以降、いくつかの曲がり角を経てきた戦後日本の歩みのなかで、私はこの年を強く記憶に留めるべきだと考えてきた。

私は、その翌年、『周辺事態法――新たな地域総動員と有事法制の時代』（社会評論社、二〇〇〇年）という本を出し、そうした思いをこの一書に書き込んだ。「一九九九年体制を克服するために」とサブタイトルを付した「はじめに」の冒頭で、私は「相次ぐ重要法案が成立した第一四五国会をして、『地獄の釜開き国家』（佐高信）なる物騒なネーミングが冠せられた。同国会では二〇七日間の会期中に周辺事態法をはじめ、国旗・国歌法、盗聴法、住民基本台帳法、地方分権一括法、中央省庁など改革関連法など、『改正』を含めて一三八件の法律が成立した」と、そのすさまじい状況を書いている。

小渕恵三内閣の時のことであった。小渕内閣は自自公（自民党・自由党・公明党）の相乗りによって、懸案処理国会の名のもとに、一気呵成にさまざまな法制化を図った。戦前史のターニングポイントとなった満州事変は日本陸軍によって引き起こされた、ある種の〝国外クーデター〟であり、赤裸々な暴力を使っての国内政治再編を意図したものであった。これに対し、小渕内閣が正面から実行した〝静かなクーデター〟と比喩しても良いような政治再編を意図した行動であった。

戦後政治を振り返ってみれば、戦後日本は平和憲法を戴きながら、日米安保条約を主軸とする日米同盟によって経済発展に邁進する。それは折からの東西冷戦体制にも支えられ、アメリカの圧力と要請という口実のもとで、経済同盟から軍事同盟としての性格を色濃くはしてきたが、その歩みは緩やかであった。それがここに来て衣替えを急いだのである。国際社会において東西冷戦体制が終わりを告げたにもかかわらず、なぜ従来にもまして国内における国家権力が強められ、市民社会を脅かすような法律が次々に登場したのだろうか。

それは冷戦体制ゆえに、アメリカの同盟国としての日本が、何よりも政治と経済の領域での「安定」

を求められていたことと関係する。アメリカにとって、日本がアジアでの経済大国として成長することは、ソ連や中国の影響力の浸透を阻む重要な条件と考えられていたのである。つまり、日本はアメリカにとりアジアの経済拠点であった。ところが、ソ連が解体され、中国が当面は脅威の対象国でないとする判断が生まれると、アメリカにとっての日本の役割は、アジアの軍事拠点としての位置づけが重視されることになったといえよう。

そこからアメリカは日本に、一定の歯止めをかけながらも、アメリカと同質の軍事国家としての役割を担わせようとするに至ったということである。これに呼応するように、日本政府は、アメリカとの軍事同盟関係を強めることで、新たな時代におけるアジアでの地位を固めることに、大きく舵を取ろうとするようになった。

そのためには、憲法第九条を筆頭とする既存の法体系による縛りが、窮屈になってきたのである。同時に教育基本法「改正」などによって、平和を志向する国民意識を変えさせる企図を次々と打ち出すに至った。ソ連の脅威が消滅するなかで、日本はアメリカの同盟国としてふさわしいように、国内の仕組みを根本から変えようと試みている。よく言われる「戦後レジーム」からの脱却であった。それが内に向かっての監視社会と、外に向かっての軍事社会という事態を招いている。

これに関連して本年（二〇一七年）五月三日、安倍首相は改憲派の集会である「第一九回　公開憲法フォーラム」にビデオメッセージを寄せ、そこで従来の自民党の「日本国憲法改正草案」（二〇一二年四月二七日公表）を引っ込める格好で、公明党の「加憲論」、民進党の前原誠司氏等の「九条改正案」、リベラル派の「平和のための新九条論」に近い九条改正案を提示した。そこでは、憲法上、根拠なき自衛隊を解釈改憲だけで認知を求めることの限界性を踏まえたうえで、憲法で自衛隊の根拠を明記し、そのうえで自衛隊を規制することの合理性を訴える提案である。

それは、言わば護憲派の分断を狙ったものと言える。すなわち、九条は変えず、〝現状維持〟を主張する護憲派に決着を迫る試みであり、自衛隊を全否定するか、部分肯定するのかの二者択一的論戦を意図している。言い換えれば、自衛隊の「違憲合法論」の限界性を衝く論法である。そのことは、護憲派に自衛隊をどうするのか、どうしたいのかの説得的な説明を求めるものだ。

この安倍改憲案の狙いが、九条の換骨奪胎（形骸化）にあることは明らかである。同時に私たちは九条不変の目的を再度確認する必要があり、九条加憲論の意図を見抜き、同時に九条を堅持することにより、第一に、自衛隊軍事力を無効化するための、護憲派としての平和構築戦略を練り上げること、その前提として九条を護るのではなく、活かす行動を展開するなかで、第二に、自衛隊軍事力を段階的にでも軽減する〝自衛隊軍縮プラン〟を提示すること、その大前提として国外における中国・北朝鮮などとの平和共同体構築を提唱しつつ、安倍自公政権によって作為された脅威論の虚構性を具体的論拠により示していくこと、第三に、国内にあっては、日本会議などの主張に示される戦前回帰志向や国体論を打破していくための議論を広範化すること、などが肝要であろう。

過去に照らして未来を切りひらく

監視社会において決定的に欠落していることは、個人の尊重である。近代史とは、言い換えれば個人を統合して「国民国家」を形成し、その過程で個人が有する様々な権利や能力、一口で言えば個性を国家という枠組みのなかに追い込んでいく時代でもあった。そこでは国家の利益や目標が優先され、分断化された個人の有する個性も、従属的な地位に置かれ続けた。そのような国家と個人の相互関係を見直そうとするのが、今日における基本的人権の尊重や個人の尊厳に関わる問題であった。

そこには国家を優位に位置づける国家と個人の関係のありようが、結局は国家暴力の発動としての戦争を阻むことができなかった主要な原因であった、という歴史体験がある。戦前日本国家を振り返っても、個人の尊重という基本原則は確立されず、戦前の憲法においても「臣民」と記され、個人は、国家あるいは天皇の文字通りの「臣下」に過ぎなかった。そのような地位にあっても、個人の尊重を訴え続けた多様な運動や思想が戦前においても生み出された。しかし最終的には、国家の戦争への暴走を食い止めることができなかった。そのことへの教訓から、戦後の憲法においては基本的人権の尊重が掲げられたのである。したがって今日、「愛国心」教育の復活や君が代・日の丸の法制化と強制がなされ、個人をくまなく監視するシステムが構築されていく状態を「戦前国家への回帰」と指摘するのは、決して過剰な表現ではないと思われる。民主主義の原理に則り、個人が持つ豊かな個性や主体性を尊重する社会こそ、戦後日本が目標に掲げたはずのものであった。いま、その目標と逆行する社会が準備されようとしているのである。

これまで筆者は、その成立を許してしまった一連の有事法制や通信傍受法、そして、共謀罪や国民投票法などをも含め、戦前と戦後を通して——戦前期は軍機の「保護」を、戦後期は国民の「保護」

を名目として――いわば〈国民監視統制法〉とも命名できる法制が一貫して準備されてきたことに最大の関心を抱き続けてきた一人の歴史研究者として、こうした法制の歴史経緯と実態に向き合う必要を痛感してきた。私は「過去を学ぶのは、現在を捉え、未来を創るため」だと思っている。つまり、歴史とは過ぎ去ってしまった過去（past）だけを指すのではなく、過去と現在と未来とを同時的に捉える行為を言うのである。

その意味で過去を学び、そこから教訓を引き出して現在を見直し、その蓄積のうえで未来を創る材料を紡ぎ出すことが歴史研究であろう。その意味では、未来に生かせないのであれば歴史研究の意味はない、とさえ思っている。

もちろん私は、戦前の監視社会と、現在と未来における監視社会とが、全く〝同一〟の中身を伴って再び蘇るとは思っていない。そうではなく、新たな装いを多分に凝らしつつ、全く〝同質〟の監視社会が蘇ると思っているのである。つまり「いつか来た道」が再び戻っていくということではなく、その道を踏まえ、「そこから伸びている道」を、さらに歩んでいこうとしているのではないか、ということである。

現在の監視社会の進行ぶりは、急ピッチである。それは日常生活のなかに、いわば音も立てず入り込んでいるがために、的確に感知することは困難かも知れない。ストレートな言い方をすれば、私たちは気づかぬうちに監視社会のなかに囲い込まれつつある。だが、囲みはされたが鍵がかかって出られなくなってしまったわけではない。例え囲い込むフェンスのようなものが不可視の存在であったとしても、私たちは過去に学ぶならば、それを目ざとく見つけ出す目を持つことができるはずである。

言い換えれば、権力者たちの罠がどこに仕掛けられているか探し出すということだ。そして、私たちは、誰が私たちを何のために囲い込もうとしているかも知ることができる。誰が鍵を持っているかも。

私たちの未来は決して予断を許さない状況だが、私たちが国家により監視されるのではなく、民主主義の原理に則り、私たちが国家を監視するという当然の思想を逞しくしていけば、未来を切り開くことはできると確信している。

2　拍車かかる国民動員の現実——国民保護法を中心に

戦後版防諜法の登場

アジア太平洋戦争の敗北を契機に、戦争国家としての日本の機能は陸海軍の解体や軍事法制の廃棄などにより消滅した。日本国憲法では、国家間の紛争解決のために軍事力を行使することを禁じ、軍隊を保持しないとされた。当然に軍事法制も用意されることはなくなった。しかし、朝鮮戦争を機会に、一九五〇年七月に警察予備隊が創設されて、日本の再軍備が開始されると、政府内では様々な軍事法制整備に関心が向けられるようになる。特に、防諜法や諜報活動に関連する法整備について、その嚆矢と言えるのは、一九五八年一月に防衛庁防衛研修所（当時）の「監修資料別冊四」（第一七五号）として作成された「自衛隊と基本的法理論」である。

このなかで「国家秘密保護の規則」（同書第一二章第二節第一款）や「内乱、利敵行為等に関する処罰の規則」（同章第二節第二款）の項目を設けて、防諜体制の確立を計り、戦時における動員が円滑に進められるために国民監視と自由の抑制に関する法整備の必要性を説いていたのである。こうした動きは、防衛庁（現在、防衛省）内に留まらず、同年に自民党治安対策特別委員会も、「諜報活動取締等に関する法律案の大綱」を作成し、発表している。

さらに、一九六一年には「改正刑法準備草案」なる文書が作成されるが、そこには、「機密探知罪」が盛り込まれた。それは、「一、外国に通報する目的で、日本国の安全を害する恐れのある防衛上又は外交上の重大な機密を不法に探知し、又は収集した者は、二年以上の有期懲役にする。二、外国の利益をはかり、又は日本国の利益を害する目的で、日本国の安全を害する恐れのある防衛上又は外交上の重大な機密を外国に通報した者も前項と同じである」とする内容であった（浅野健一編『「スパイ防止法」がやってきた！』社会評論社、一九八七年、参照）。

しかし、この「機密探知罪」は、結局は見送られることになる。その理由は、「防衛上の機密」を刑法に組み込むことは、自衛隊法の合憲性が明確にされていない段階では世論の反発が必至という読みがあったからとされる。刑法に「防衛上の機密」という軍事の観点からする文言を盛り込もうとする企図は、その後、一九六三年に作成され、その後国会の場で暴露される「昭和三八年度　統合防衛図上研究」（通称、三矢研究）に引き継がれた格好となり、世論に大きな衝撃を与えることになった。

そのなかでも、「非常事態措置諸法令の研究」では、国防秘密保護法や軍機保護法の制定など、防諜法の制定が自衛隊の国内行動の円滑化という文脈で、その制定が検討されていた。三矢研究が暴露されたことから、防諜法を含む、いわゆる一連の有事法制研究は表面上暫く小休止の状態となるものの、防衛庁内局の法制調査官室が、有事法制整備を視野に入れて作成した「法制上、今後整備すべき事項について」(一九六六年)には、「国家防衛秘密保護法」の制定の意図が明記された。

そして、一九七六年一一月に成立した福田赳夫内閣以降、有事法制研究が公然と進められることになり、それはまた折からの日米防衛協力体制の見直しの動きと連動し、一気に拍車がかかる。その具体的な表れが、一九七八年の「日米防衛協力のための指針」(通称、日米ガイドライン)であった。そうした事態を受けるように、国家秘密法の制定の動きとなって表れる。とりわけ、一九七九年に結成された、「スパイ防止法制定促進国民会議」と称する自民党の国会議員らを中心とする組織が、地方議会の場で同法制定促進決議を重ねさせる戦術に出たこともあり、国家秘密法は世論の関心を少なからず呼ぶことになった。

一九八五年六月六日、第一〇二通常国会に議員立法として、「国家秘密に係るスパイ行為等の防止に関する法律案」(通称、スパイ防止法案)の名で提出された。同法は、戦前期の軍機保護法や国防保安法の焼き直しであったことから、最終的には野党勢力や世論の反発を受け、成立には至らなかった。

スパイ防止法案が頓挫した後、暫く防諜法の類は表には出てこなかったものの、この間、周辺事態法(一九九九年成立)などの有事法制が着々と整備されていった。その動きに拍車をかけたのが、二〇〇一年九月一一日にアメリカを襲った「同時多発テロ」事件であった(一連の有事法制の成立経緯については、纐纈厚『有事法制と何か——その史的検証と現段階』インパクト出版会、二〇〇二年、参照)。事件発生の翌月二九日に、テロ対策特別措置法が成立するが、それと同時に自衛隊法の一部改正が行われ、自衛隊法第九六条(部内の秩序維持に専従する者の権限)に第二項(防衛秘密)が追加されることになった。

その冒頭には、防衛庁長官が、「公になっていないもののうち、我が国の防衛上特に秘匿することが必要であるものを防衛秘密として指定するものとする」と記されていた。ここで言う「公になっていないもの」とは、自衛隊の運用や計画に関する研究、防衛に関連する電波情報、武器や弾薬など防衛に必要とされる物の種類や数量などである。つまり、すでに秘匿の対象とされているものである。それまで防衛に関する秘匿対象は、自衛隊法によって「機密」「極秘」「秘」と指定分けされ、これを合わせて「防衛庁秘」と呼ばれてきた。これら「防衛庁秘」は、それまで訓令を根拠とする「守秘義務」の対象とされてきたものが、改正によって訓令ではなく、法律に基づく「防衛秘密」へと格上げされたのである。しかも、それは防衛庁長官が随意に判断して指定することができるとした。これは戦前期において、「軍事機密」や「国家機密」の内容が、結局は陸軍当局によって恣意的に認定されていったことと酷似している。

同条第二項の4に記された「保護上必要な措置を講ずる」権限とは、あらゆる防衛情報を、文字通り防諜の名で市民の目から覆い隠すことを意味した。それだけではなく、防衛秘密を漏洩した者には禁錮や罰金など刑事罰を科す罰則規定として第一二二条を用意する周到さであった。こうした一連の動きを経て、いよいよ本格的な戦後版防諜法が登場してくる。それが、国民保護法という名を冠した法整備であった。

国民保護法制とはなにか

二〇一七年四月、朝鮮民主主義人民共和国（以下、北朝鮮と略す）とアメリカ、それに日本と韓国との間に朝鮮半島有事の可能性を秘めた緊張が高まった。これに対応して、日本の各地の自治体で危機管理の名で、北朝鮮の弾道ミサイルが日本に飛来・着弾する可能性に対応すべく、住民退避訓練などが実施された。その根拠となった国民保護法は、二〇〇二年一〇月八日に、政府が都道府県知事会に提示した「国民動員法制（素案）」をルーツとするものであった。

同月末、国民保護法制の輪郭を明らかにする目的で、「国民保護のための法制について」が与党側に示された。これを機会に政府側は国民保護法制整備に本格着手したのである。

「国民の保護のための法制について」は、同年一〇月に開会となった第一五五臨時国会で審議中の武力攻撃事態対処特別委員会において野党側にも配布されることになった。これは審議中であった武力攻撃事態対処法（以下、対処法と略す）において同委員会で懸案となっていた武力攻撃事態における「国民保護」の規定が皆無である点に、疑問や不安が提示されていたことへの対応措置として急遽配布されることになったものである。

この時点で明らかにされていたのは、対処法の第二二条（事態対処法制の整備）に対応するものとして、役割分担、権限、調整規定などを中心とする総則、それに避難・救援・被害を最小限にするための措置、その他として被害復旧、財政上の措置、罰則などを骨格とする内容とされた。この時点で、すでに問題化し、また、現在まで続く国民保護法制上の最大の争点とすべき点が、早くも露呈されることとなっていた。

それは、災害時における国民の保護という観点に純粋に立った場合には、確かに避難・警報・応急措置は不可欠であり、その限りでは国民保護法制の一定の役割期待が存在する。しかし、最大の問題は、政府の原案において社会秩序の維持、国民経済の安定と生活関連物資の確保、原子力施設等の被害防止など、社会経済あるいは市民生活の統制や治安領域に属する項目が挿入されていたことである。要するに、「国民保護」を表向きの理由に掲げて、実質的には有事即応型の国内における有事システムの構築を意図していたということである。

しかも、ここで大きな問題点として指摘されたのは、法の形式からして冒頭に「総則」が用意され、対処法には規定が存在しない「対策本部」「計画」「指定地方公共機関」という文言が登場していること、自衛隊法第一〇三条に代表される、国民動員を目的とする「国民協力」とは別立ての「国民協力」事項や罰則規定が予定されていることから、国民保護法が対処法を親法とする個別法制としてではなく、相当な範囲を対象とする、それ自体が独立した法制として構想されていたことであった。

周辺事態法（法律第六〇号・一九九九年五月二八日成立）、武力攻撃事態対処法（法律第一一六号〈最終改正〉・二〇〇三年六月一八日成立）などの有事法制の成立に続き、これらと前後して、アメリカによって唱導された「国際テロリズム」の撲滅を目的とする軍事行動への支援を目的として制定されたテロ対策特別措置法（法律第一一三号・二〇〇一年一一月二日成立）、自衛隊のイラク派兵を強行するイラク復興支援特別措置法（法律第一三七号・二〇〇三年八月一日成立）、日本国内でのアメリカ軍の行動に最優先の便宜を図る米軍行動円滑化法（法律第一一三号・二〇〇四年九月成立）などが相次ぎ成立していったのである。

そうした状況のなかで、「国民保護のための法制について」が、日本本土全域が大規模な武力攻撃の対象とされることを前提にして、国民保護の名による国民動員、あるいは国民統制の措置が構築された。政府及び防衛庁高官さえ、繰り返し認めているように、日本への大規模な武力攻撃が全く予測されていなかったにも拘わらず、動員システムあるいは後方システムの構築が焦眉の課題であるとする議論を起こしていくことで、システム作りに本格的に乗り出したのである。

国民保護法の正体

二〇〇二年四月一六日、国会に上程された対処法案に対する国民の不安を払拭すると同時に、国民生活や自治体の権限に関わる領域に踏み込んだもう一つの有事法制として国民保護法案が登場した。それは、ネーミングが示すように「国民保護」を目的とするものでは決してなく、従来は防衛庁もそれ以外の諸官庁も直接的には関わることを敬遠してきたところの、国民の人権を文字通り制限ないし停止する内容を伴ったものであった。つまり、「国民保護法制」とは、有事法制の最後的な懸案を一気に解決しようとするものであった。

政府と防衛庁は、国民に「国民保護法制」の用意のあることを示すことで、有事法制を発動可能な法律として国民に周知徹底させ、アメリカのイラク侵攻作戦後における北朝鮮への封じ込め作戦にも適用可能とする有事関連三法を、早期に成立させたいとする思惑を抱いていた。「国民保護法制」の制定は、そのための最大の目標と位置づけられることになったのである。

「国民保護法制」は、有事関連三法が最初に提出された時点では、対処法における第二二条（事態対処法制の整備）、第二三条（事態対処法の計画的整備）、第二四条（その他の緊急事態対処のための措置）の各条項において武力攻撃対処を目的に「国民の生活の安定」に関する法制を、法律施行後二年以内に整備するとしていたものであった。

この当初の整備計画について、「二年以内」という形で先送りしたのは、それが国民の生命・財産・人権を著しく制限ないし停止させる内容であることが必至であったからである。「国民保護法制」は政府・防衛庁にとっては、両刃の剣なのであった。つまり、対処法が有事法制である限り、有事（＝戦時）対処として国民生活に犠牲を強要せざるを得ず、その一方でそのことを前面に押し出したのでは国民の反発や不安を招くことは予想に難くなかったからである。それゆえ、最初に関連法案を成立させ、その条文のなかに「国民保護法制」の整備を盛り込むという、姑息な段階を踏んだのである。

ところが、有事関連三法が国会に上程されて以降、「国民保護法制」を先送りする有事関連三法のありようへの批判が、政府内外で相次ぐことになった。そこには大きく分けて二つの批判論が混在していたように思われる。

その一つは、有事関連三法の中核をなす対処法が実効性のある軍事法であろうとする限り、軍事防衛を補完する意味での「国民保護」という名の「民間防衛」論の喚起と実態化が不可欠であるにも拘わらず、これを先送りすることは軍事法としての完結性を損なうものではないか、というもの。二つ目には、同法を円滑に成立させるためにも、武力攻撃事態の発生を想定し、有事における「国民保護」のための措置を事前に周知徹底させることが肝要であるのに、その方針を事実上棚上げしたのは間違いではなかったか、というものであった。

言うまでもなく、これらの見解は有事関連法の早期成立を画策する人たちによって、繰り返し発言されてきたものである。政府は、このような見解を背景にし、また、イラク戦争以後において予測される北朝鮮問題の再浮上化に対応しつつ、ここに来て冒頭に述べたような「国民保護法制」問題を強調するところとなったのである。それは、最終的に「武力攻撃事態等における国民の保護のための措置に関する法律」(二〇〇四年六月一八日・法律第一一二号)として成立した。

国民保護法制の起点

国民保護法制の構想は、唐突に登場したのではもちろんなかった。それは戦後、有事法制研究が開始された時点から、極めて重要な目標として設定されていた。例えば、三矢研究における「非常事態措置諸法令の研究」として、(一)国家総動員対策の確立、(二)政府機関の臨戦化、(三)戦力増強の達成、(四)人的・物的動員、と並んで(五)官民による国内防衛体勢の確立、が挙げられていた。ここで言う「官民による国内防衛体勢の確立」こそ、国民保護法制の最終目標である。

「非常事態措置諸法令の研究」は、「戦時国家体制の確立」の要件として、国家非常事態の宣言、非常行政特別法の制定、戒厳・最高防衛維持機構や特別情報庁の設置、非常事態行政簡素化の実施、臨時特別会計の計上などを挙げ、さらに、「国内治安維持」として、国家公安の維持、ストライキの制限、国防秘密保護法や軍機保護法の制定、防衛司法制度（軍法会議）の設置、特別刑罰（軍刑法）の設定が検討されていた。

また、「動員体制」として、一般労務徴用や防衛徴集・強制服役の実施、防衛産業の育成強化、国民衣食住の統制、生活必需品自給体制の確立、非常物資収用法（徴発）の制定、強制疎開の実行、戦災対策の実施、民間防空や郷土防衛隊・空襲・騒ゆう《ママ》防衛組織の設立」などが明記されていた。

こうした内容の「非常事態措置諸法令の研究」は、形式上国会での議決を経て軍政に移行するという「日本有事」におけるシナリオであった。包括的有事立法としての三矢研究は、要約して言えば労働力の強制的獲得（徴用）と物的資源の強制的獲得（徴発）を政府機関の臨戦化、すなわち、内閣総理大臣の権限の絶対的強化によって実現すること、有事徴兵制や事前の徴用と徴発、防諜法の制定、軍法会議・軍事費の確保など、自衛隊が軍事行動を起こす上で不可欠な要件を一挙に立ち上げる狙いが込められていた。

それは、憲法を全面否定する内容であり、戦前期の有事法の集大成とも言うべき国家総動員法を模範として、戦争体制を平時から準備する「政府機関の臨戦化」であったこともあって、世論の厳しい批判にさらされることになる。

それ以後多くの有事法制案が生み出されていくが、一九六三年一〇月、航空幕僚監部総務課法規班が作成した「臨時国防基本法（私案）」には、「第五章　国家非常事態における特別措置」の章が設けられ、「（内閣総理大臣は）緊急に措置しなければ、当該事態に対処できないと客観的に認められる場合は閣議に諮った上、全国又は一部の地域について国家非常事態の布告を発することができる」（第五〇条）と記されている。

すなわち、内閣総理大臣（内閣行政権）に、国家非常事態における指揮権を与え、いったん国家非常事態が総理大臣によって布告された場合には、地方自治体の業務を統制（第五三条）し、あらゆる既存の法律を凌駕することが可能（第五四条）となり、国民を自衛隊または郷土防衛隊の行う防衛活動に強制従事させる命令権（第五五条）を持ち、国家非常事態宣言下にあって労働者のストライキ権など労働者の固有の権利を剥奪する権限（第五八条）をも併せ持つとされたのである。

国民保護法の内容

それでは国民保護法は、一体何を目的としているのか。その概要を見てみよう。

まず冒頭で、それが「現段階における国民保護のための法制の輪郭を示したものである」としたうえで、その目的を「①国、地方公共団体その他の機関が相互に協力　②国全体としての万全な態勢の整備　③国、地方公共団体等の責任の所在と権限を明確化」するとされる。要するに、武力攻撃事態（=戦時）においては、「国民保護」を目的として、国と地方自治体及び自治体住民とが連携を逞しくしながら武力攻撃事態に対応していこうとするものだ。有事＝戦時状況のなかで国民保護を貫徹しようとすれば、国民が平時において保証される人権や財産権の制約や一時停止は、必然であるとする考えがある。

より具体的には、①総則（国、自治体、指定公共機関の役割規定など）、②避難措置（警報の発令、避難の指示・誘導、避難地の確定など）、③被害最小措置（交通手段・重要通信確保、生活関連重要施設の安全確保、傷病者の緊急搬送および医療、生活必需物資の確保、仮設住宅の設置など）、④復旧措置（学校、病院などの生活関連施設、道路、港湾、鉄道などの復旧）の四項目から成っている。これらは、言うならば戦争被害への対応措置として、国家の統制・指導により万全を期そうとする内容である。

国民保護法に通底する考えは、一連の有事法制整備の研究において第三分類（所管省庁が明確でない法令）の領域に入るものとして、繰り返し検討されてきた「民間防衛」そのものであった。つまり、戦争被害という武力攻撃事態が不可避的に伴う事態への対応は、原則的に国の統制・指導下において地域住民が主体的に担うべき課題であって、国は国家それ自体の安全を図る目的で自衛力（軍事力）を発動する責務を担っている、とする役割分担論が存在していたのである。

「国民保護のための法制の要旨」

二〇〇三年一一月二一日に「国民保護のための法制の要旨」（以下、「要旨」と略す）が公表された。対処法第二四条は、内閣に国民保護法制整備本部を設置することとし、同法の第二二条一項において、①警報の発令、避難指示、被災者の救助、消防等に関する措置、②施設及び設備の応急の復旧に関する措置、③保健衛生の確保及び社会秩序に関する措置、④輸送及び通信に関する措置、⑤国民の生活の安定に関する措置、⑥被害の復旧に関する措置の実施を掲げている。この部分に関わる法制として、国民保護法を立案することが明記された。つまり、対処法によって規定された国民保護法なるものの内容及び対象範囲は、頗る広範なものである。

しかし、「要旨」を見ると、対処法第二二条一項で規定された①から⑥の内容が、そのまま「要旨」に反映されているのではないことがわかる。例えば、③保健衛生の確保及び社会秩序に関する措置については、後段部分の「社会秩序に関する措置」の文言が「要旨」では削除されていた。同様に、④輸送及び通信に関する措置と、⑤国民の生活の安定に関する措置についても実質削除になっていた。

恐らくは、「社会秩序に関する措置」は警察の管轄事項に相当し、④と⑤が国民の生活経済に直結した問題であり、また、マスコミ統制に関わる内容だけに、当然ながら最も批判の集中する箇所となるため、敢えてこの時点では回避したのか、あるいはまた別立ての法整備（別法制）を想定していたのかと思われる。

国民保護法制で最も論点となったのは、武力攻撃事態の対処措置として、国―都道府県―市町村という動員システムの構築に関わる、国と地方自治体の権限のありようと、それに伴う地方自治体住民の生命・財産への権利制限あるいは侵害の可能性であった。例えば、「国、都道府県及び市町村が行う国民保護のための措置」という項目では、武力攻撃事態が発生した場合、国が警報を発令し、避難措置を指示し、大規模または特殊な武力攻撃災害への対処などを実施する、都道府県は国の警報の発令を受けて避難指示を出し、避難住民などの救援活動を実施し、市町村は避難の誘導を実施する、などとなっていた。

この点について、「要旨」では、新たに「第7　緊急対処事態に対処するための措置」という項目が追加された。ここでいう「緊急対処事態」とは、「武力攻撃の手段に準ずる手段を用いて多数の人を殺傷する行為が発生した事態または当該行為が発生する明白な危険が切迫していると認められるに至った事態で、国家として緊急に対処することにより国民を保護することが必要なものをいう」と定義されている。

要するに、対処法において「武力攻撃災害」なる新たな概念で括られていた「災害」というのは、大規模な侵略行為というよりも、「武力攻撃の手段に準ずる手段」としてのゲリラ戦闘や、テロリズムを想定しているものと見ることができる。

国民保護法制が、そうした意味での「武力攻撃」への対処策として提起されている以上、政府が想定している「武力攻撃災害」の内容についての吟味が不可欠であるが、これについては後述する。

ここではその前に、二つの問題について触れておきたい。一つは、国民保護法制なるものがどのような要件の下で発動されることになっているのか、もう一つは対処措置がどのような手続きにおいて実行されるのか、という点である。

一つ目については、内閣総理大臣が「武力攻撃事態」あるいは「武力攻撃予測事態」の「認定」を要件とするもの、閣議による「対処基本方針」の決定を要件とするもの、そして、国会による「対処基本方針」の承認を要件とするもの、等が考えられていたが、「要旨」の総則の2（1）では、「政府は、武力攻撃に備え、予め国民の保護に関する基本方針を作成」すると記された。また、新たに追加された「第7　緊急対処事態に対処するための措置」の「（3）緊急対処事態の認定」の項においては、「内閣総理大臣は、緊急対処事態に至ったと認められるときは、その認定及び緊急対処事態方針の案につき、閣議の決定を求める」と記された。これは武力対処事態の認定を、国権の最高機関である国会ではなく、緊急性を理由に内閣行政権に完全に委任する形式を踏むことで、実質上の戦時内閣の構築が結果される仕組みとなる。

二つ目の対処措置が、基本的に義務化による実質的強制によって実施されようとしていることは明らかだ。国が万全の措置義務を掲げ、地方自治体は国の方針に則って的確かつ迅速に義務を履行し、国民は協力要請がなされた場合に、必要な協力を果たすよう努力する義務を負うことになっている。

対処措置としては、避難が中心業務となるが、知事が所要の避難指示を下令しなかった場合には、内閣総理大臣が地方自治体住民に直接指示・措置をするという手筈も整えられた。その他救援、武力攻撃災害への対処、復旧などについても、最終的には内閣総理大臣が指揮命令権を確保することになっており、これは明らかに、自治体住民の生命と財産の確保について、自治体首長に責任主体があることを明文化している地方自治法の否定に結果する。

最近でも北朝鮮のミサイル発射事件に絡み、ミサイルが日本に飛来し、着弾することを想定した通達や訓練などが危機管理の名の下でくりかえされている。特に二〇一七年四月二五日には北朝鮮の弾道ミサイル発射実験が強行され、アメリカの航空母艦カールビンソンを旗艦とする機動部隊が朝鮮半島海域に展開したことから、軍事的緊張感が高まった。北朝鮮のミサイル落下時にとるべき行動なるものが、内閣官房国民保護ポータルサイトに発表されている。

なお、対処措置の究極的手段としては、刑罰による強制も用意されることになっており、その内容を一つ一つ吟味していくと、国民保護法制なるものが、実は軍役を強いる〝防衛負担法〟である現実が赤裸々に浮かび上がってくる。もちろん、それは憲法に抵触するだけでなく、「国民保護」という名称とは裏腹に、国民を軍役に駆り立て、同時に実質的に銃後に動員する、もう一つの〝徴兵制〟としての性格が透けて見えてくる。

国民保護法制の骨子と問題点

二〇〇四年三月九日に閣議決定され、法制化された国民保護法の骨子は、既述した「要旨」に沿った形で構成されたが、念のため以下に列記し、その問題点をあらためて整理しておきたい。

第1　総則（1通則、2国民保護措置、3国民の保護のための措置の実施に係る体制、4基本方針、5指定行政機関の国民保護計画、6都道府県の国民保護計画、7市町村の国民保護計画、8指定公共機関等の国民保護業務計画、9都道府県国民保護協議会、10市町村国民保護協議会）、
第2　避難に関する措置（1警報の発令、2避難措置の指示、3避難の指示、4避難住民の誘導、5避難住民の運送）
第3　救援に関する措置（1救援）
第4　武力攻撃災害への対処に関する措置（1武力災害への対処、2生活関連等施設の安全確保、3危険物資等に係る武力攻撃災害の発生の防止、4原子炉等に係る武力攻撃災害の発生の防止、5放射性物資等による汚染への対処、6応急措置、7消防、8感染症の特例等、9廃棄物処理の特例、10文化財保護の特例）
第5　国民生活の安定に関する措置（1国民生活の安定、2生活基盤の確保）
第6　復旧その他の措置（1武力攻撃災害の復旧、2物資及び資材の備蓄、3避難施設の指定）
第7　財政上の措置等（1損失補填、損害補償等、2費用の支弁及び負担等）
第8　緊急対処事態に対処するための措置（1責務等、2緊急対処事態の認定、3緊急対処事態対策本部、4準用）
第9　（省略）
第10　罰則

すでに提出段階で明らかにはなっていたが、同法は自己完結型の独立法制であって、大型法であった。それは、総則の内容で一目瞭然である。これだけの細部規定を盛り込んだ総則を持つ法が、個別法であるはずはなく、独立法といわれるゆえんであった。総則には「武力対策本部」（本部長は内閣総理大臣）の役割、計画の作成、保護協議会の設置などが規定され、地方自治体や国民の協力が明確化されている。つまり、そこには法の機能としての一貫性と独立性が顕著なのである。

その意味では、同法が対処法の規定に従って生まれてきたものであるとしても、事実上は同法と対等な、表裏一体の関係性を持って登場してきたということに注意を向ける必要がある。対処法の発動にともなっておこりうる国民の生命や財産、人権の侵害を抑制するための措置として検討されてきた法律なのでは決してない。それ自体が、ひとつの重要な目的性を内実とする法律であるということだ。国民の保護という、有事法制の一環としては「消極的」あるいは「融和的」な法律では決してなく、国民を客体としてではなく主体として、有事＝戦争システムに積極的に動員しようとする意図が明確に存在している法律なのである。それゆえに、大型法案としての内実を得ることになったと考えられよう。

〝武力災害〟という概念の導入

ここで、「武力攻撃災害」という概念の検討に移りたい。「武力攻撃によって派生する事態」を「武力攻撃災害」（傍点は筆者）と規定したことにまず注目させられる。国民保護法案の目的は、この「災害」への対処措置だというが、ここには、いくつかの罠が仕掛けられている。

対処法自体は、二〇一五年九月一九日に強行採決により成立した一連の安保関連法の一つに一部修正して組み込まれているように、軍事攻撃への対処を目的とするという形式は踏まえつつ、実際には米軍支援法、海外派兵法としての性格を持つ軍事法である。にも拘わらず、その中核をなす同法に内在する軍事色は、表向き一掃しようとしている。これは先回りして言えば、憲法九条違反という批判をかわすための苦肉の策であり、憲法違反をごまかす詭弁であった。そこでは同時に、日本はただ武力攻撃の被害者になる可能性だけが想定されているようにも見える。

「武力攻撃災害」という規定は、日本の軍事発動によって起こり得る政治外交レベルの問題を、自然災害と同レベルに位置づけることによって、自然災害への対応と同一の認識で、「備え」の必要論を国民に認知かつ徹底させようとし、同時にこれに疑問を抱く人びとに沈黙を強いようとしているものということができる。政治外交レベルの領域で起こり得る軍事問題や紛争・戦争は、あくまで政治外交レベルで対応すべきであるのに、その努力を放棄し、議論を封殺したままで、「災害」に対する国民の理解を得ようとしているのである。

ここには、極めて深刻な問題がある。地震や台風の発生はある程度予測し得ても、発生それ自体を「阻止」することは不可能である。しかし、戦争や紛争という本来なら避けることができる政治的外交的な問題を、あたかも自然災害と同じように、阻止することが不可能なものであるという前提に立って、ひたすら「備え」の意識を強要し、意識化しようとしているのではないかと思われるからである。

非軍事的な課題（＝自然災害や食料途絶など）に対しても、軍事的な対応を選択することを許すことになってしまうだけでなく、軍事的な問題に対して、非軍事的な手法を逞しくするという政策自体が放棄されていくことになる。それは、国際紛争に対して、非軍事的な手段によって解決を図るべきだという決意を披瀝した日本国憲法の理念をも全否定することになる。さらには、地震対策など、私たちの生命や財産を破壊しかねない自然災害対策についても、強権発動が可能であるとする見解にすらつながっていくだろう。つまり、国家や人為によって引き起こされる戦争や紛争を自然災害対処と同レベルで受け止めることは、軍事的な手段による危機対処の強権性を正当化するものである。それは権力側の極めて傲慢な概念操作である。

非軍事的な貢献を国際社会にあって果たそうとしてきた過去の営みを放棄し、非軍事的領域における軍事的対応の採用が拡大される。国民保護法が、現行憲法では固く禁じてきた軍役を実質的に課していることも政府側は認識している。社会の軍事化への抵抗の論理や反対運動は、そこにおいては許されない。

「攻め」の立場

対処法は、日本に対する直接侵略（侵略戦争）への軍事的対応措置として提起されているわけではない。防衛省高官も含め、政府内部でも日本が侵略の危機に晒されている、と本気で考えている人物は皆無であろう。何よりも客観的に見て、日本への軍事侵攻を企図している国家など想像すらできない。圧倒的な戦力を有する米軍が駐留し、世界でも屈指の軍事力を備えるまでに至った自衛隊の存在する日本は、諸外国から見れば脅威の対象であっても、決して戦争を仕掛ける相手ではない。

アメリカの対イラク戦争は先制攻撃によって開始されたが、今日でもシリアに対する巡航ミサイル攻撃（二〇一七年四月七日）、アフガニスタンのテロ組織支配地域とされる場所への大型爆風型爆弾（通称、ＭＯＡＢ）の投下（同年四月一四日）など、「テロ組織壊滅」を掲げつつ、アメリカは恣意的に「敵」を認定し、アメリカの「国益」保護を名目に先制攻撃を仕掛け、アメリカの世界覇権を不動のものとする戦略に立っている。そのアメリカと一蓮托生の軍事同盟関係のなかで、国際社会に対応しようとする日本政府の政策それ自体に基づいて、安保関連法は成立した。

日本は、このアメリカの戦略に呼応しつつ、絶えず「攻め」の立場を強要もされ、また、自ら選択もしているといえる。それで、国内における政策、法律、社会システムなどさまざまな領域において、戦争遂行に資するように作りかえていくことが不可欠だと政府は考えているのである。必然的に、社会の仕組みや国民意識は、平時から有事（＝戦時）対応型に転換していかなければならないことになる。

国民保護法とは、その意味でいえば、国民を有事国家日本の一員として平時から訓練や国防教育に動員し、その成果をもって日本国家をいつでも戦争が可能な、軍事対応型国家へと改造しようとするためのものとなる。同法は、その国民の戦争動員という意図を、事実上の民間防衛体制の構築によって実現させようとするものである。
戦争を放棄した日本国憲法のもと、これまで侵略されることも侵略することもなかった日本が、臨戦体制をとることになった。そのような日本の姿勢の様変わりが世界の人々にどう受け取られるのか、考えてみなければなるまい。

人為的行為としての戦争

有事法制に関する議論のなかで私たちが頻繁に耳にしてきた推進側の説明として、「有事法制が、これまで準備されなかったことが、そもそもおかしい」という文言がある。この説明は、意識的にか無意識的にかは判らないが、アメリカの世界戦略が転換したという事実と、日本国憲法の枠組みとして非軍事的な政策選択や論理が何よりも優先してきた、これまでの日本社会の共通認識を無視したものである。

「これまで準備されなかった」のは、軍事的手段の行使を全面排除し、あくまで非軍事的手段による国際関係の構築を目標としてきたためであった。それが、アメリカの戦略転換によって、これまでの営為を否定し断念する試みがなされているのである。そのような過程を一切反故にしてはじめて、「そもそもおかしい」といえるのである。

たとえ、日本が攻められる可能性は皆無でも、なんらかの「備え」は必要ではないかという、耳あたりの良い見解も幅を利かせている。しかし、いまアメリカと強固な軍事同盟を締結している日本の「備え」は、より完成した軍事国家日本の登場として、特にアジア諸国の目に映っているということを指摘しておきたい。

そもそも、テロやミサイルによる日本攻撃に対し、「備え」るということも、合理的かつ客観的な根拠にも乏しく、説得力を持たない。テロもミサイルも、それは自らに対する「攻め」への反作用として生ずるのであって、「攻め」の準備と決意が不在であれば、その可能性は限りなくゼロに近づけることができるはずである。たとえば、日本政府がイラクなどでアメリカと連動して軍事行動を採用すれば、それは日本による「攻め」と見なされるものであろう。日本が「備え」るというのは、その「攻め」に対する反作用に対するものなのではないか。

私たちは、安保関連法として一括され成立させられた一連の有事法制も、「攻め」の政策の採用である、という現実を直視しなければならない。

拡大される「戦争」のカテゴリー

対処法が武力攻撃を想定して組み立てられており、それに規定されて構成されたものが国民保護法であれば、ある意味で当然の結果だが、国民保護法には、政府主導の戦争指導体制の構築という視点が貫かれている。対処法における武力攻撃事態対処本部の設置内容と軌を一にしたものといえるが、国民保護法では「国民保護」の目的と称しつつ、実質的な戦争指導機構の樹立を目指しているのである。

総則の「基本指針」には、次のような内容が記されている。(1) 政府はあらかじめ政府は国民保護措置の実施に関し、基本指針を定めなければならない。(2) 基本指針に定める事項は次のとおりとする。基本的な方針、想定される武力攻撃事態の類型、警報の発令、避難の指示、被害者等の救援、災害対処等国が実施する措置に関する事項、指定行政機関、都道府県及び指定公共機関の国民保護計画または業務計画の作成の基準となるべき事項。

ここで明示された「基本指針」とは、国の指示に従って作成される「国民保護計画」や「業務計画」の上位にある指針であり、有事に限定されず、むしろ平時から構築され、演習や訓練において繰り返し作動させるシステムの構築を義務づける内容となっている。要するに、「基本指針」の含意するところは、平時から国の、より正確に言えば内閣総理大臣を中心とする政府指導部によって主導されるところの「後方」システムを構築しておくことである。換言すれば、それは戦争指導部の構築そのものである。

国民保護法が武力攻撃事態への対処の一環として成立する以上、「基本指針」はまずもって内閣に設置された安全保障会議の諮問を経ることが必然となり、最終的には「武力攻撃予測事態」という表現に修正されたが、当初の表現でいえば、武力攻撃の「予測」や「おそれ」があると判断された場合に、ただちに「対処基本方針」を設定することになっているのである。つまり「基本指針」とは、戦時への対応方針にほかならない。

ここで、「武力攻撃予測事態」を判断する主体が必ずしも日本政府ではなく、アメリカ軍ではないのかという点が再三指摘され、その問題は現在においても、極めて重大な争点である。

そもそも、国民保護法でいう平時の「基本指針」と、対処法でいう有事（＝戦時）の「対処基本方針」との、相互の関係が不透明である。対処法自体、武力攻撃についてはただ「我が国に対する外部からの武力攻撃を言う」とするだけで、具体的にいかなる内容を伴った武力攻撃であるのか曖昧なまだ。「武力攻撃事態」についても、「武力攻撃（武力攻撃のおそれのある場合も含む）が発生した事態または事態が緊迫し、武力攻撃が予測されるに至った事態をいうとあるだけで、その事態の中身については全く触れていない。

その理由として、そもそも日本政府には主体的な「武力攻撃事態」の認定も想定も許されていない現実が背景にあるのではないかと考えられる。というのは、新ガイドラインの合意（一九九八年）以降、東アジアを取りあえずの地理的範囲とするいわゆる「周辺」地域において、アメリカ軍が出動するような事態が、日本にとっての有事事態であると考えられているからである。周辺事態法は、アメリカの有事に対して日本はどのように兵站機能を発揮するのか、それをつうじて、いかにアメリカ軍への貢献を果たすのかに焦点が絞られたものであった。

つまり、国民保護法は、周辺事態法と武力攻撃事態対処法の二つの先行する軍事法制と連動しつつ、平時と有事とを問わず、アメリカの意向に左右される運命に置かれることになると考えたほうがよいということである。

政府・防衛省の民間防衛の捉え方

次に「民間防衛」という視点からも、国民保護法について論じておきたい。

二〇〇二年段階で、政府・防衛庁（当時）がこの「民間防衛」という課題にどのように向き合おうとしていたか、一つの参考事例を紹介しておこう。

小泉政権の石破防衛庁長官は、就任直前、新聞紙上で、「有事で自衛隊は国民を助けられない。自衛隊は敵を戦うことに専念すべきで、災害時のように住民を救助する余裕はない。自衛隊がいなくなれば被害は拡大するわけで、その穴を埋めるのが民間防衛だ」（『東京新聞』二〇〇二年六月六日付）とする、ある意味では明快な主張を行っている。

つまり、「民間防衛」とは、自衛隊の軍事行動を補完する民間人による軍事支援行動であるという。「民間防衛」は政府・防衛庁にとっては、有事法制整備の主要な、かつ微妙な課題として位置づけられていたのである。

遡ってみるならば、一九六八年三月二五日、増原恵吉防衛庁長官が、衆議院の予算委員会において、「民間防衛」必要論を公言し、その後、政府・自民党と防衛庁は一連の有事法制研究において「民間防衛」の実施に向け様々な布石を打ってきた。

事実、一九九八年度版の『防衛白書』には、「民間防衛の努力は、国民の強い防衛意思の表明でもあり、侵略の阻止につながり、国の安全を確保するための重要な意義を有するものである」（一七二頁）

とある。石破発言は、これらの流れに沿ったものであった。

しかし、そこには「民間防衛」について、極めて恣意的な解釈が意図的に行われていると指摘しなければならない。

本来「民間防衛」とは、「敵対行為又は災害の危険から一般市民を保護し、一般住民が敵対行為又は災害の直接的影響から回復するのを援助し、また生存のために必要な条件を提供することを意図した下記の人道的任務の一部又は全部を遂行することをいう」（ジュネーブ諸条約に対する追加議定書の第一議定書「第六章 民間防衛」）のである。つまり、「民間防衛」とは石破の言うような自衛隊軍事力の補完あるいは代替機能を求めるものではなく、あくまで市民の保護と安全の確保のための一手段として構想されてきたものである。つまり、「民間防衛」のイメージは消防団に近い。

しかしそれが、軍事的な災害にも対応する点で、本来的な意味での民間防衛とは根本的に違うのであり、軍事的危機への対処の意識を平時から植え付けることが、同時に戦争に対する同意を得やすくするという認識が、防衛庁や石破に存在していたことは否定できないであろう。もちろん、軍事的手段の行使同様、それを市民レベルで実行させせようとする「民間防衛」は、明らかに憲法に違反する。

「民間防衛」という名の国民動員・監視構想

「民間防衛」について具体的に箇条書きしておけば、①中央に国防省・国防会議を設置して、国防計画を始めとする中枢の業務を担当させ、地方行政の統合強化を図るため総理府（現、内閣府）に地方行政本部を設ける、②国防省の外局として「郷土防衛隊」を置き、都道府県にそれぞれの「郷土防衛隊」を置いて、「陸上自衛隊の方面総監の命令」下に、必要ある場合には武器を使用させる、③国防上の措置としては、「国民の国防意識の昂揚」に努めるほか、「国防上の秘密保護」に関する必要な措置、国防訓練や物資の備蓄等を行わしめる、④内閣総理大臣は、「国家非常事態の布告」を行う権限を有し、緊急事態下で必要の範囲内で、国および地方公共団体の機関の行う業務を統制できる。また、非常事態布告の場合には、何人も「造言飛語」をしてはならず、公益事業従事者はストライキやサボタージュ等の行為を行ってはならないし、さらに「公共の秩序を乱す者」などは「一定期間拘禁」されることになる、などという内容だった。

ここまで来ると、一時的な基本的人権の制約というレベルを通り越し、非常事態を口実とした恫喝による民衆の軍事的統合と抑圧の法としての有事法制そのものである。「郷土防衛隊」設置構想は、かつて沖縄戦下において、軍人・軍属以外の多くの沖縄の人々を「防衛隊」として軍事組織化し、正規軍の補完部隊として前線に送り出した歴史を想起させる内容を含むものであった。

要するに、一連の「民間防衛」論は、「国民保護」の名による国益第一主義である。そこでは、諸個人の人権に関わる問題が実質的に棚上げされ、国家の危機を全体化することで、国家利益を軍事力によって保証していこうとする軍事依存主義が露骨に込められていると見るべきであろう。

国民保護法は、国民をより危険にするものであり、国民ではなく国家を保護するものだと言わざるをえない。

戦前・戦後を通底する監視社会への道

国民保護法が、武力攻撃事態対処法の発動にともなう「国民」の生命や財産、人権の侵害を抑制する措置として検討されてきた法律であることは指摘してきた通りである。だが、より大きな問題は、この法律の下で日常生活のなかに軍事の論理が、あらゆる機会を利用して分け入ってくることである。「国民の保護」という甘言は、〝国民の監視〟と同義語である。同法は、決して有事法制の一環として消極的あるいは融和的な法律ではなく、「国民」を有事＝戦争システムに積極的に取り込むために、戦時における「動員」と平時における「監視」を前提とする。従って、「動員」と「監視」とは、戦時と平時という政治状況の変化によって、どのようにでも変転する内実を伴ったものとしてである。

国家が戦争発動を政治選択として可能とするためには、当然ながら国内政治機構や国内社会体制の軍事的再編が不可欠となる。この場合、基本的かつ普遍的な意味において、国内軍事体制を構築するためには、「兵站」と「後方」の二本立てが不可欠なものとなるのが軍事の常識である。「兵站」とは、軍隊や兵器を機動させるために必要な資源確保を意味し、軍事機能を発揮させるための絶対要件である。

具体的には兵員、燃料、武器弾薬を担保する人的物的資源であり、またこれを支える軍需工業生産である。そうした「兵站」を動員するためには、戦前で言えば「徴用」や「徴発」による直接的な強制を、例えば国家総動員法（一九三八年四月制定公布）によって貫徹する手法が常套手段とされてきた。今日においては、自衛隊法第一〇三条に象徴される動員規定がそれに相当する。要するに、「兵站」は軍事力を構成する主要な一部と考えてよい。

ところが問題は、軍事力を広義の意味において支える「後方」の構築である。戦前では「銃後」の用語が多用されたが、軍事アレルギーへの配慮や直裁的な軍事色を薄めるために、単純に位置関係を表す「後方」の用語が使用された。そこで「後方」システムの構築は、今日のように一定程度市民社会が成熟している環境の下では、相当の困難を伴うものと認識される。そのため「後方」の構築には、勢い「任意的な協力」という形式を踏まざるを得ないのである。

その場合、「任意的な協力」は、地方自治体の首長を経由して自治体住民に要請されるという形式を踏む。つまり、国家による直接的な従事命令の形式を回避することで、自治体を挙げての協力行動を引き出そうとする方法が採用されるのである。

このように地方自治体の組織や職員が「後方」システムの確立のため、細部にわたる基本方針や都道府県の保護計画あるいは保護協議会なる組織の設置によって動員されることになるが、そこではあくまで国民の「任意的な協力」が強調される。実際には罰則規定が用意されることで事実上の強制性は否定できない。しかし、その強制性を可能な限り排除するために、自治体挙げての取り組みという体制を平時から整備することになることは間違いない。政府サイドとしては、民間からの「任意の協力」という建前で、実質自治体への命令を媒介に、総掛かりで民間防衛体制の構築が意図されている。

それで民間からの「任意の協力」を引き出すために、平時から日常生活のなかで、「有事」(=軍事)への対応が公の秩序の維持に直結するという文脈において説明される。当然にそのような説明なり論理を受け入れられない人たちには、日常的な監視体制のなかで直接間接の圧力が用意される。市民社会が成熟すればするほど、〈平時の戦時化〉あるいは〈戦時の平時化〉とも言うべき事態への反発が高まることも必至である。

そこで軍事の論理によって日常生活のなかに絶えず軍事主義的な価値判断を教育現場や自治会組織などを媒体にして注入する作業が進められる。日の丸・君が代の法制化や教育基本法の改悪なども、国家と個人との関係における国家優位論を定着させ、諸個人の主体的な判断の機会を事実上奪うことで、国家主導による戦争発動への選択肢を確保しようとするものであった。

そのような国家の軍事の論理が、平時から安定的に貫徹されるためには、これに反発する対象者を平時における日常生活空間のなかで監視し、場合によっては圧力や恫喝をかけて押さえつけていくことが必要となる。

国民保護法の下で、国家権力の指示により地方自治体主催という形式を踏みつつ、平時の避難訓練が強制されている。戦時に発生する危険からの回避という表向きの理由とは別に、一定時間に、指示された場所に移動させられるということの意味は、避難を名目にして、行政によって住民が管理下に置かれることを意味する。

そして、このような避難訓練が発動されるときには、円滑に事が運ぶように、地域の警察や消防団、あるいは青年団などの組織、時には自衛隊などの指導と出動をも要請する形で、訓練は企画されているのである。これまでにも鳥取県や福井県などで避難訓練が実施されたが、避難訓練地域は事実上の戒厳体制下に置かれた状態となっていた。最近の事例でも、北朝鮮のミサイル発射に備える訓練が実施された。

こうして国民保護という名で、生活空間における個人の人権領域に及ぶ監視が常態化していくのである。

国民保護法は「戦後版軍機保護法」

戦前期の軍機保護法が、軍の機密保護を理由に、国民の日常生活への監視を強め、さらには国民同士の相互監視体制を進めた。すなわち、密告や通報が奨励された。そこでは、自らがスパイ視されることを回避するために、隣人をスパイ視し、自らが公権力に忠実であることを実証しようとするまでになり、結果的に国民相互間に不信や猜疑心を醸成する結果となった。それがまた、諸個人の自由で主体的な発言や行動を自粛させ、自己規制に走らせたのである。

軍機保護法は、直接的な意味で軍事機密を保護するという以上に、国民監視網を全国津々浦々に張り巡らせることで、いわば手っ取り早く国民を監視し、国家への従属を強めさせ、国民の生命と財産を危険に晒すであろう国家の政策の実行を円滑にさせるための法律であった。

それと同じように、国民保護法も、国民の安全と安定を保護し、保守するという文言を掲げながら、最終的には国家政策の確実な運営を目的としたものといえる。その意味で国民保護法とは、「戦後版軍機保護法」といっても過言ではない。そうした文脈からいえば、住基ネットや盗聴法などの行政システムや法律群とあわせ、国民管理・監視の体制は、ほぼ完成の域に達しているといえないか。

戦前は防諜を呼びかける様々なポスターやチラシ、あるいは雑誌記事や特集などが利用され、また防諜用語の募集が繰り返し実施されて、国民の防諜への関心を煽った。

戦前の国家であれ戦後の国家であれ、戦争を可能とする国家であれば、国民の管理・統制には積極的な姿勢を採るものである。そして、国民の管理・統制が現実に効果を発揮しているかどうかを確認し、さらには管理・統制が必要とされる成果を獲得するためにも、国民監視が日常生活の領域であっても及ぶのである。

国民監視は、直接的な肉体の痛みを伴わないものである。それゆえに、気づかないか、例え気づいても、それが国民の安全のため、という権力の説明に納得してしまいがちである。まさに、ここに権力者たちの罠が実に巧妙に仕掛けられているのである。これに気づくためにも、軍機保護法や国民保護法などの、いわゆる防諜法が、違反事例を数多く打ち出し国民に恫喝をかけ、自由と平和を求める国民の声を塞いでいったという歴史を読み解かなければならない。国民保護法など一連の有事法制に、戦前の軍機保護法や国防保安法が担った役割を演じさせてはならないのである。

3　国民保護法から「共謀罪」へ

四度目の共謀罪国会上程

戦前期と戦後期という、戦争を挟んだ時代を監視社会と国民動員というキーワードで検証するとき、その時代の区分がほとんど意味をなさないことに気づく。戦前の国家が、極めて露骨なあまたの国民監視統制法を敷くことで、徹底して国民への恫喝と動員を強いたことによって、軍国日本を保持したように、実は現代日本においても、とりわけ高度経済成長期が終焉した後、戦前よりは洗練された内容だとしても、本質的には変わらない国民監視統制法というべき法制が、相次ぎ整備されているからである。

二〇一七年に入り、安倍政権は俄然、共謀罪の制定を目指す動きに出た。二〇一七年一月二〇日招集の第一九三国会（通常国会）において内閣より提出された「組織的な犯罪の処罰及び犯罪収益の規制等に関する法律の一部等を改正する法律案」を、安倍政権は「テロ対策法」と呼んでいる。しかし、それはいうまでもなく共謀罪である。

　去る六月一五日に強行採決された共謀罪の適用犯罪は、二七〇以上にも及ぶとされる。あらゆる領域に監視の目が張り巡らされ、いつでも犯罪対象として処罰可能な体制を整えているということである。この共謀罪により、第一に密告が奨励され、第二に電話やメールの盗聴が合法化され、第三に自白強要が強化され、第四に街頭や集会などで交わされる会話まで監視されることになる。まさに、「司法も『行為』ではなく、『思想』と紙一重の『態度』を犯罪として裁く時代が来ている」（海渡雄一・保坂展人『共謀罪とは何か』岩波ブックレット、二〇〇六年）のである。

　現在、欧米諸国における反戦反核平和運動を含めた市民運動が、コンスピラシー（共謀罪）の脅威に晒され、自由な運動や表現に著しい制約が課せられている。日本でもすでに国民保護法など一連の有事法制によって、外堀が埋められ、共謀罪などによって内堀が埋められることになったと言える。それは監視社会としての側面が強まりつつある日本社会を、いっそう閉塞した社会へと変容させるものである。有事体制ゆえに国民動員体制が敷かれ、これに抗する者たちを監視し、場合によっては共謀罪によって封殺する手だてが周到に準備されてきたと言わざるを得ない。

　戦前期の治安維持法の再来とも言える共謀罪なる法律の制定をめぐる動きは、これまでにも何度もその成立が試みられた（二〇〇三年三月一一日、共謀罪を盛り込んだ組織犯罪対策法改正案閣議決定、提出。同年一〇月一〇日、衆院解散により廃案。二〇〇四年二月二〇日、国会再提出。二〇〇五年八月八日、衆議院解散により再度廃案。二〇〇五年一〇月四日閣議決定、二〇〇六年四月二一日、与党修正案国会審議入り。同年五月一九日、与党再修正案国会提出、二〇〇九年七月二一日衆院解散で三度目の廃案）。

共謀罪の成立が検討されはじめる契機になったのは、二〇〇〇年一一月に国連総会で採択された「国際的な組織犯罪の防止に関する国際連合条約」（国連国際組織犯罪条約）で、これを国内法として整備するためだとされた。今回四度目の国会上程であったが、その内容は基本的に同じである。ただ、今回の言い回しで盛んに口にされたのが、二〇二〇年の東京オリンピックを無事開催運営するためには、「対テロ対策」としての共謀罪が不可欠というものだった。

国連国際組織犯罪条約を批准するためにもそれが必要だと説明するが、これも権力者たちの罠といってよかった。テロ対策のための法律は既に存在しており、これらを持ってすれば批准することは可能である。極めて見え透いた方便を弄していたのだ。国連国際組織犯罪条約は、麻薬密売など国境を越えた犯罪への国際協力を円滑に進めるための法整備を各国に提起したものであって、市民運動や労働運動をも取り締まりの対象とする目的とは、全く異なるものである。

治安維持法の再来

前章では、国民保護法が軍機保護法などいわゆる防諜法の再来であると論じたが、もちろん、共謀罪は治安維持法の再来ともいえる内容を含んでいる。

畑中繁雄・梅田正己編『日本ファシズムの言論弾圧史抄史――横浜事件・冬の時代の出版弾圧』（高

文研、一九九二年）に詳しいが、進歩的知識人として著名であった細川嘉六の出版記念の折に撮影した一枚の写真が特別高等警察（特高）によって、「共産党再建の会議」と決めつけられ、ここから出版人・ジャーナリストら約六〇名が検挙され、このうち三〇余名が治安維持法違反で起訴されるという有名な横浜事件が起きた。

治安維持法は、「治安維持」の名目で、協議罪や扇動罪を用意し、あらゆる言論や活動に厳しい監視と抑圧を目的とするものであった。一九二八年に同法はさらに目的遂行罪を加え、目的達成に必要とされる書籍や資料など情報一般を所有しているだけで、当局によって恣意的に犯罪対象とされ、重罪が課せられることになったのである。同法は、さらに日米開戦の年である一九四一年の三月には、治安維持法再犯防止を目的とする予防拘禁制度が付け加えられた。

今回成立した共謀罪は、表向きは組織犯罪への対処から提起されていることになっているが、労働・市民・住民運動などを進める上での協議や準備も、公安当局（＝政府）の判断によって「共謀」と見なされ、犯罪の対象とされてしまう構造を持ったものである。いったい何をもって、「共謀」とするのか、また何よりも、様々な運動への取り組みが、なぜ「共謀」という名による公安当局の監視の対象となるのか、実に疑問の多い法律であることは間違いない。

最大の問題は、そもそも刑事訴訟法では、捜査の対象範囲を、結果が発生した犯罪および犯人の検挙に限定することによって、人権侵害への配慮を行っているのに対し、共謀罪は、犯罪の〝可能性〟として当局が予知したところの、その〝可能性〟を犯罪として取り締まろうとしていることにある。それゆえ当局は、〝可能性〟を自由自在に拡大して、全ての運動や活動を〝犯罪化〟することが可能となる。

このような当局のスタンスは、もちろん戦後において、共謀罪で初めて出てきたわけではない。「盗聴法」の別名で呼ばれた通信傍受法（一九九九年成立）などの法律でもそれは示されている。国民保護法に代表される一連の有事法に通底するスタンスであり、その結果として現代社会は、監視社会となっている。このような状況に直面している私たちの社会は、今後どの方向に進んでいくのだろうか。

これに関連して、昭和史から現在を見直す視点を強調する作品を次々に発表している保阪正康は、『昭和史の教訓』（朝日新書、二〇〇七年）のなかで、満州事変（一九三一年）から敗戦に至る過程で日本は、「四つの枠組みで囲いこまれた時代」であったと定義し、その一つに「弾圧立法の徹底化」を挙げている。

治安維持法は、共産党の壊滅以後、「自由主義者や宗教家、それに文化人などが狙われていく」ものとなった。日中全面戦争開始以後は、軍機保護法などが加えられて、一般の人々も弾圧の対象としてきた。

確かに今日では、かつてのような治安維持法や軍機保護法、さらには国防保安法といった、治安弾圧法というネーミングを正面から冠した法律は不在だが、これまでの章で述べたように、武力攻撃事態対処法にせよ国民保護法にせよ、その本質的な役割機能は国民の動員・管理・統制を実行することにある。それゆえに、治安弾圧法でもある。現在の治安弾圧法は、外からの脅威を口実にして、国民の保護や安全を持ち出す。そのからくりを見破らないと、私たちの言論の自由は、言論の統制に取って替わられ、さらには言論の弾圧が日常化する事態となることは必至である。保阪の本は、その帯に「昭和一〇年代を蘇らせるな」とあるように、軍機保護法をはじめとする軍事法の整備が、文字通り、戦争と抑圧の時代を準備したことを踏まえ、二度と〝新たな昭和一〇年代〟を招くことがないよう警鐘を鳴らすものである。

侵される憲法の基本原理

「軍機保護」にみられる徹底した国民監視と国民統制の手法が、戦後は「国民保護」に名を借りて、受け継がれていることを繰り返し指摘してきた。戦前の日本国家が、軍国日本に適合する国家体制と国民意識を創り上げるために、広い意味での国民監視統制法を不可欠としたように、現代においても、再び戦争のできる国になる、あるいは米軍の軍事行動に参加できるようになるための必須の条件として、戦前型国家・戦前型国民と同じようなありかたを必要としているのであり、その文脈から、国民保護法が成立し、共謀罪が新設されたのである。

少し遡ってみるならば、教育基本法の改悪（二〇〇六年一二月一五日成立）も重要であったと思われる。つまり、愛国心を強制することによって、「非愛国者」のレッテルを貼り、戦前でいうところの「非国民」とし、社会からの排除を試みようとしているのである。

また、政府・自民党は、連立を組む公明党と共同して、二〇〇七年四月一三日に衆議院で国民投票法案を可決成立させた。それは国民から自発的かつ積極的な発言の機会も時間も事実上奪うための法案に過ぎず、言うならば憲法に関する議論を封殺する意図が明確であった。国旗・国歌法の成立も、日本の戦争責任や歴史認識に関する言論封殺法としての役割を背負っていた。

日本国憲法では、主権在民、基本的人権、平和主義の三大主義が貫かれている。すなわち、政治の主体として国民が主権者であり、国民一人一人の人権が尊重され、さらには個人の人権が侵されないためにも、国家に戦争という人権侵害を引き起こす暴力を振るわせないために、平和主義を採用したのである。

極めて基本的なことだが、この国の基本原理は一人の人間の人権が最大限に尊重され、そのために国民が政治の主体となり、政治の主体としての人間が生命と人権を侵害されることなく、生活を営むことが可能となるために、平和な状態が不可欠とされる。それが三大主義である。

その意味で、個人が尊重されるかどうかが、戦前と戦後との最大の違いである。ところが、それがいま、突き崩されようとしているのである。

日本国憲法とは、国家が引き起こした戦争の惨禍を経て、ようやく日本国民が手にしたかけがえのない財産である。有事法制は、この三大主義をことごとく否定する論理で貫かれているが、政府は、有事法制は国民の「安全」を護るために整備されなければならないというのである。確かに、武力攻撃事態法の第一条には、「我が国の平和と独立並びに国及び国民の安全の確保に資することを目的とする」と明記されていた。しかし実態としては、これは疑問とせざるを得ない。

これに関連する一つの歴史事実を紹介しておきたい。一九三三年一月、ナチスを率いたヒトラーが政権に就くが、ヒトラーは国会放火事件をでっちあげ、約一〇万人もの政敵を保護検束した。その法的裏付けとされたのが、同年の二月二八日に大統領命令の形式で出された「国民と国家の保護のための共和国大統領命令」（通称「国会炎上命令」）である。また、同年三月五日に最後の国会総選挙が行われ、ヒトラーの率いるナチスが社会民主党の二倍以上の議席を獲得した。同月二三日にドイツ国会は「全権委任法（Ermächtigungsgesetz）」（通称、授権法）を可決成立させて、ヒトラーの独裁権が確立する。この「授権法」の正式名称が「国民と国家の困難を除去するための大統領命令」というのである。

既存の憲法と全く相反する法律を作ろうとする場合、政府や国家は、「平和」とか「安全」という言葉を多用する。現在のドイツでは、このような歴史の事例を教訓として、「ドイツ基本法」（Grundgesetz für die Bundesrepublik Deutschland）と呼ばれる憲法の条文内容を、実質的に否定するような法律は禁止するという措置（基本法第七九条第一項）さえ採られている。それだけ、国家が守るべき基本を定めた憲法を遵守することの大切さが、繰り返し確認もされ、法的措置も講じられているのである。

ところが日本の場合は、憲法を横目で見ながら、違憲立法行為を積み重ねており、著しい違憲行為が罷り通る名ばかりの〝法治国家〟となっている。私たちは、「平和」「安全」「人権」など、誰もが肯定感を持って受け入れられるような法律の名称に騙されてはならない。そのような名称を冠した法律が出てきた場合には、まずその内実を詳しく検討する必要がある。何よりも法律や政策のネーミングに、、、、、権力者たちの罠が仕掛けられているのだから。

監視社会に立ち向かう自由と人権

同時に私たちは、かつての日本とは異なり、本来あるべき自由社会を築きあげるための力を持っていることを忘れてはならない。それは、憲法の基本理念としての基本的人権の問題である。旧憲法（大日本帝国憲法）下では、個人の権利が徹底して阻害された。「国民」という概念もなく、ただ被統治者たちは「臣民」として国家や天皇に隷属する存在といえた。当然ながらそこでは、国家や天皇の政治に対する抵抗には最初から限界がある。そのような国家や天皇への隷属状態が、戦前において国民がたやすく監視や動員の対象とされ、国家暴力に絶えずさらされ続ける状況をつくっていた。

そのような状態が、結局は軍国主義体制を生み出し、侵略戦争へと結果していった。この歴史を教訓としつつ、新憲法は「前文」に、「そもそも国政は、国民の厳粛なる信託によるものであつて、その権威は国民に由来し、その権力は国民の代表者がこれを行使し、その福利は国民がこれを享受する。これは人類普遍の原理であり、この憲法は、かかる原理に基くものである。われらは、これに反する一切の憲法、法令及び詔勅を排除する」と記された。

ここで重要なのは、基本的人権の名において、個人の権利、言い換えれば個人は国家から常に自由であり続けることが原理として据えられたということである。「国民」とは、水島朝穂が「法によって人間は『個人』として対等な人間関係が認められ、対等な契約を結ぶことができるような法的な『人格』が生まれる」（水島『憲法「私」論』小学館、二〇〇六年）と論じたように、最初から国家の構成員として、その属性が明確にされた「国民」として存在しているわけではない。

日本国憲法では、主権者として位置づけられる国民とは、まず個人として尊重されるという原則が謳われている。「個人」とは、国家から自由であり、ましてや国家の名において戦争に動員したり、日常的に管理下に置き、国家の論理によって権利=基本的人権を侵したりしてはならないのである。

そうした意味で、私たちは現行憲法下において、相応の公的責任を負いながらも、「個人」の権利が貶められたり、犯されたりすることが無いはずである。しかしながら、今日における憲法「改正」の動きのなかで、現政府は「公益」や「公の秩序」の尊重を打ち出して、戦前と同じく「個人」の尊厳を蔑ろにしようとし、また、教育基本法「改正」などによって、国家への帰属意識を注入することで「個人」の存在の希薄化を図ろうとする動きが急である。監視社会化という問題も、言うまでもなく、こうした動きと連動したものである。

このような動きに歯止めをかけ、あくまで国家からの自由を確保するためにも憲法を活かすことが求められている。それがまた、監視社会化への道を阻む決め手となるはずである。私たちは現在、戦前と異なる個人の権利を保障した憲法を持っている。また、そのための言論の自由を確保している。そのことが戦前と決定的に違う。私たちは、監視社会への道を阻む術を、まだいくつも自らの手に握りしめているはずだ。

憲法九条の意味

戦争体制を二度と繰りかえさないための方法の一つとして、新憲法に盛り込まれた第九条の意義とは、日本と日本人の安全を非軍事的手段で達成しようとする試みであり、言い換えれば、あらゆる人々の自由を侵すことなく、自由を共有することによって、絶対的な安全を確保しようとするところにあった。

現在、第九条を含め、現行憲法の見直しが進められようとしている。憲法学者である樋口陽一は、「国内での自由の保障、軍事価値を最優先に置くことを否定することによる自由の保障という問題の側面を考えるならば、第九条の存在はますます重要になっている」（樋口陽一『個人と国家――今なぜ立憲主義か』集英社新書、二〇〇〇年）と指摘している。

個人の自由な空間に土足で上がり込むような監視社会への道、辺見庸が「戦争構造の日常化」（辺見庸『永遠の不服従のために』鉄筆、二〇一六年）と言い切った現代社会のありようは、私の言葉でいえば「臨戦国家」へと向かう事態である。監視社会から臨戦国家へと変貌する日本社会にあって、憲法九条を徹底して活かし続けることで、私たちの自由も活かされ続けるはずだ。実に、第九条が私たちを自由にする。第九条こそ、全ての抑圧と暴力からの解放が、本当の安全と自由を確保する途であることを教えているからである。

ジャーナリズムの課題

しかし、憲法すら解体の危機に直面し、私たちがその手に握りしめているはずの言論の自由を、充分に活かし切っていないこともまた確かである。その役割を事実上先導すべき現代のジャーナリズムも、また多くの課題を背負っているように思われる。「第四の権力」として権力を監視し、その濫用を諌める役割を果すべきジャーナリズムが、批判精神を忘れ、時として権力に迎合する論調を敢えてなすケースが目立っている。迎合しないまでも、自己規制や自己検閲といえる沈黙ぶりも、目に余る事態となっている。

戦前期のジャーナリズムが準戦時体制から戦時体制へと移行していくなかで、軍国主義の気運を煽り、日中全面戦争突入時には、各社メディアが競って戦争報道を逞しくし、国内世論に戦争支持熱を吹きあげた、忌まわしい歴史の事実が残っている。

いったん国策に便乗するや、その果てしない商業主義を露骨に示すことで、ジャーナリズムの原点を忘れ、権力の濫用や戦争政策に拍車をかける役回りさえ演じてきた。そのようなジャーナリズムの轍を踏まないためにも、ジャーナリストは自らの役割期待がどこに所在するのか、自覚が必要であろう。

憲法の原理やジャーナリズムの役割期待を再確認する場合、いったい誰のための自由か、何のための自由か、誰からの自由なのかという点に、徹底して拘り続けることが不可欠だと思われる。戦後の日本人は、戦前の教訓を活かし切れず、自由について正面から向き合い、真剣に問い直しをしてこなかった。その結果が現在の状況を呼び込んでしまったというのは言いすぎだろうか。私はかつて出した評論集のなかで、以下のように記したことがある。

「私たちが戦後創造しようとした社会モデルは、民主主義を規範とする市民社会であった。そこでは動員・管理・統制をキーワードとする軍事社会と対極の、自由・自治・自立をキーワードとする民主社会が目標とされた。自由とは抑圧や暴力を内在させた国家からの自由である。しかし、今日の日本政府は自由をあからさまにつぶすことはしないが、自由を制限したり押さえたりする論理を持ち出し、それを正当化する法律を次々につくってきた。そのなかで〝論理的〟に提示されるのは、国家への無条件の賛同や合意を前提とする『自由』だ」（纐纈厚『いまに問う――憲法九条と日本の臨戦体制』凱風社、二〇〇六年）。

ここでの私の主張は、私たち自身の安全は、国家によって翻弄されることのない自らの自由の確保が不可欠であるという点にある。私たちは、戦前期の戦争体制が国家による個人の自由侵害行為から開始されたことを教訓としなければならない。

戦後の平和と自由をあらためて問う

最後に私はいま一度、戦後の平和と自由について触れておきたい。繰り返し思うのは、私たちは安全に汲々とするあまりに平和を創ることを忘れていたのではないか、平和な市民社会を創ることが同時に安全な社会を創ることである、という命題への真剣な問いかけが忘れられていたのではないかということである。そして、そのような私たちの隙を突いて、権力者は、平和づくりの機会を奪うために、安全を口実にして国民監視体制を敷こうとしているのではないだろうか。

戦後日本人は平和社会、平和国家の創造によって、失った信頼を取り戻し、アジア地域を中心に国際社会に平和の実行者としての役割を果たすべき歩み出したはずであった。しかしながら、米ソ冷戦体制の中に否応なく放り込まれ、きわめて制限的で普遍性を欠いた「平和」へと堕していくことに、歯止めがかけられなかった。

戦後、有力な反戦平和運動や思想が果敢に登場し、深められもしたが、平和憲法を活かす機会はついに掴み損ねてきた、というのは言い過ぎだろうか。その不十分性を克服する機会が米ソ冷戦体制の終焉によって到来したはずだったが、そのとき日本の権力者たちは、有事法制の整備と日米安保再定義によって、いわば〝国内冷戦体制〟づくりを着々と進めるに至った。そこでは再び平和主義の骨抜きが進められた。

そして、二〇〇二年九月、アメリカを襲った同時多発テロを境に、平和の創造と獲得という戦後のスローガンが後退し、「安全」が前面に押し出されてきたのである。平和構築の過程、あるいはその結果として生み出されるはずの安全が、平和よりも優位の概念、あるいは位置を占めるものとなってしまったのである。

つまり、〝対テロ戦争〟の用語が頻繁に使われるようになって以来、「戦争」に対する「平和」というターム（用語）の意味は希薄なものとなり、これに換わって「安全」がキー・タームとなってきたのである。「安全」は「平和」と異なり、戦争を回避するという思考ではない。むしろ「安全」や「安心」を確保するために、積極的に戦争に打って出なければならない、という議論が時代の中心に登場してしまった。安倍首相の言う「積極的平和主義」の主張もそうである。

権力者は「テロの時代」を喧伝し、テロに備えることを口実に平和創造への動きにブレーキをかけ始めた。平和よりも「安全」が第一に優先されるべき目標であり価値だとされ、さらには「安心」の確保という感情にも訴えることで、平和や市民の自由にさえ堂々と制限を加えようとしている。こうして「平和のための戦争」というレトリックが横行することになっていった。

西谷修は、「いま求められているのは、確固とした戦争の概念に対抗する確固とした『平和』の概念を対置するのではなく、戦争とは呼べないものの全面化のただなかで、どのようにして生存空間を作り直すか、そこで必要な最低限の秩序をいかに確保するかという思考ではないでしょうか」という、重要なヒントを提示している（土佐弘之・岡真理氏との対談「『非戦争化』する戦争」『現代思想』特集・戦争の正体、二〇一四年一一月）。

戦争にただ「平和」を対置するのではなく、「安全」という用語によって隠蔽される暴力の実体を炙り出すことで対抗しなければ、権力による恣意的な「平和」に十分に肉迫できない。共謀罪も日本国民の「安全」確保のためのものだ、とする言い回しが用意された。まさに権力者たちの罠は、ここでも仕掛けられているのである。

監視をめぐる権力

薄れゆく平和への意志と、過剰な「安全・安心」への思いが、結局は権力の手に私たちの自由や権利を奪わせる。私たちは、奪われていくことに気づかない。平和がもっぱら個人レベルの安全としてとらえられるようになる結果、社会や国家の上位をしめる一群の存在が権力者やその追従者となって、バラバラな状態の多数の個人を監視する。

ここでの権力とは、哲学者である東浩紀のいう「環境管理型権力」とでもいえよう。東は、現代社会の変化を特徴づける二つの要因として「情報化」と「セキュリティ化」を挙げ、両者の交差するところに「新たな権力」として、「環境管理型権力」が浮上するという（東浩紀・大澤真幸『自由を考える』日本放送出版協会、二〇〇三年）。東は理念や価値観についての議論の前提として、市民の安全確保が不可欠だとする市民の感情を俎上に挙げながら、「いかなる社会思想も、人間の生を前提とするかぎりにおいて、セキュリティの強化には原理的に反対できない。その無力を尻目に、私たちの社会は、環境管理型権力の網の目を着々と張り巡らしつつあるのだ」と、我々が置かれている現実を活写している。

例えば、明るみに出た陸上自衛隊保全隊による国民監視業務の実態は、その氷山の一角であって全てではない。また、私たち市民は住基ネットなどによる行政による住民サービスの向上を謳った行政措置によって、合法的に監視もされ、通信傍受法などによって盗聴の対象とされている。その反面で、権力者の秘密は個人情報保護法なる法律によって庇護されるありさまである。

一体この国はいつ、平和と安全の関係を逆転させてしまったのだろうか。安全確保という口実で、いまある平和さえ壊しかねない勢いで一連の有事法制を整備する。日米同盟関係による外圧をも利用しながら、内から外から平和を打ち壊していくことで獲得される「安全」とは、いったい何であろうか。国民の自由や権利を奪い、制限しようとすることで生まれる「安全」とは、何であろうか。国民を監視することで結果されるであろう「監視社会」が、「安全社会」を生み出すと言うのだろうか。「監視社会の未来」とは、平和づくりを事実上放棄し、権力に都合のよい「安全社会」が創り出された社会なのではないか。このままでは、自由を捨て、権力によって意味づけられた「安全」のなかに放り込まれ、私たちはこれに隷属するだけの存在と成り果てるのではないだろうか。

「監視」され、「管理」されるなかで生み出されるのは、最終的に「安全」を提供する権力への隷属である。それは、政治学者であった藤田省三の言う「安楽への隷属」（藤田省三『全体主義の時代経験』新装版、みすず書房、二〇一四年）なのかも知れない。その意味では、戦前の「監視社会」と戦後の「監視社会」の差異も、充分に自覚しておかなくてはならない。

すなわち、戦前のそれは強制された、いわば一方的な「監視」や「管理」であったが、戦後のそれは消極的であれ積極的であれ、あるいは意識的であれ無意識的であれ、隷属あるいは双方的な特質を持っている。その限りでは、戦前型の「監視社会」が、そのまま浮上しているわけでは決してない。言い換えれば、国家が市民を監視するだけでなく、むしろそれ以上に市民同士が相互監視と相互管理の枠組みに参入せざるを得ないような環境が設定されているのである。そのような環境設定にメディアが、決定的な役割を担っているのも戦前と異なる。

隣組などに象徴される戦前の相互監視と言っても、それはせいぜい地域社会の、それも小単位の空間であり、相手の顔を確認できる範囲に過ぎなかった。しかし、今日における相互監視は、不特定多数者を同時的にメディアなどの力を借りながら押し進められる。そのような「監視社会の未来」を想像することは、むしろたやすい。それだけ隷属社会としての未来が、表向きは民主社会である今の現実のなかで生まれようとしているのである。

私は、そのような監視社会が到来することを拒絶していくためにこそ、かつての監視社会の実態をあらためて教訓とすることを通して、安全も安心も自由で平和な市民社会の創造のなかで獲得され、実現するものであると信じている。そのためには、私たちの先人たちが、監視社会のなかで人権を蹂躙され、戦争国家の国民として戦争に動員され、侵略戦争に駆り立てられていった歴史を繰り返し読み返さなければならないと思う。

そして、憲法を活かすことは、侵略戦争を繰り返さないための決定的な歯止めであると同時に、私たちが自らの思想と信条の自由を守り抜くことによって、それを国家や権力者によって奪われないための力を得続けることである。そのことがいかなる監視や管理にも抵抗しうる途であろう。この国の内外の平和を希求する人々のために、私たちが創造するべきであるのは、「監視社会」ではなく、「自由社会」であり、さらには「平和社会」なのである。

参考文献・論文等一覧

○戦前・戦後期の資料から

本書に関連する戦前期の資料には、主に防衛庁防衛研究所が所蔵している旧軍関係資料、特に陸軍省の編集による『密大日記』、『大日記　甲輯　永存書類』が最も有益である。陸軍省兵務局が編集した『秘憲兵隊令達集』や『憲兵隊史料』などからは、憲兵を中心とする軍による国民監視と恫喝の態勢が濃密に仕上げられていたことが知れる。

防諜関係では、『本邦ニ於ケル防諜関係雑件』（一九三七年八月、外務省外交史料館蔵）、『公文雑纂』（一九三六年、国立公文書館蔵）や『返還文書』（国立公文書館所蔵）の「防諜例規」（一九三七年）、「国防保安法送致簿」（一九四一年）、司法省刑事局編『思想月報』（九三、文生書院、一九四二年〔復刻版〕）などが利用できる。

戦前期において軍機保護法や国防保安法を論じた研究書は決して少なくないが、やはり目立つのは概説書の類である。主にこれら防諜法の普及を目的として書かれているが、なかには自立した研究者として立場を明確に貫いた書物もある。ここでは国立国会図書館で閲覧可能な、日高巳雄『軍機保護法』（羽田書店、一九三七年）、同『軍用資源保護法』（羽田書店、一九四〇年）、大竹武七郎『国防保安法』（一九四一年）、柏木千秋『国防保安法論』（一九四四年）を挙げておこう。

また、単発の記事は膨大な数に上るが、そのうちいくつかを紹介しておきたい。

一九三七年七月の日中全面戦争開始を控え、これに関連する記事が急に目立つようになるが、日本陸軍の機関誌の一つとも言える『偕行社記事』には、例えば、長浜彰「軍機保護と軍人の言動」（第一二三号、一九三六年七月）、清水中佐「思想戦機関としての情報委員会」（第一六号、一九三六年一〇月）などがある。さらに、当時にあって大手メディア雑誌として定評のあった『週報』にも、陸軍省新聞班・海軍省海軍軍事普及部による「軍機保護法の必要性」（第四〇号、一九三七年七月二一日）などといった記事が多数見受けられる。

　日中全面戦争突入後も、急速に進む国内軍事体制化の動きを受けて、諸雑誌に以下のような記事が掲載されていく。例えば、佐藤藤佐「改正軍機保護法について」（『警察研究』第八巻第九号、一九三七年九月）、真佐世士「国民防諜の強化」（『憲友』第三一巻第一一号、一九三七年一一月）、角田忠七郎「軍機保護法と未遂犯」（同右、第三一巻第一二号、一九三七年一二月）、西村直巳「国民精神総動員の新展開について」（『偕行社記事』第七七六号、一九三九年）、内務省警保局「国防保安法に就いて」（『内務省厚生時報』第六巻第三号、一九四一年）、「国防保安法の意義」（『改造』一九四一年三月）などである。

　そのようななかで、軍機保護法や国防保安法の解説や分析を通して、法律家としての立場から、その危険性や課題を解いた記事も目立ってくる。例えば、牧野英一「国防保法案」（『警察研究』第一二巻第三号、一九四一年三月五日）、大竹武七郎「国防保安法の必要生とその特質」（『警察研究』第一二巻第四号、一九四一年四月）、団藤重光「国防保安法の若干の検討」（『法律時報』第一三巻第五号、一九四一年五月）などである。

　しかし日米開戦を控える時期となると、防諜問題に関する記事は、基本的にその徹底を望む見解が圧倒的となってくる。例えば、『週報』は「特輯　秘密戦と防諜」（第二四〇号、一九四一年五月一四日号）、「特輯　大東亜戦争下の防諜」（第三〇一号、一九四二年七月一五日号）などを組んで、防諜の必要性を広める役割を率先して担おうとし、また、大衆雑誌として多くの部数を誇っていた『文藝春秋』なども、例えば、田中覚次郎「思想謀略と国民防諜」（一九四二年七月）などの記事に見られるように、そこには排外主義的なナショナリズムを煽るなかで、防諜を国民の義務とすることの必然性を懸命に説いたものがあった。

以下は、戦後になって出版された資料だが、軍機保護法の制定過程を知るには思想研究史料特輯三八『軍機保護法に関する議事速記録並委員会議録』（一九七四年）が必須の資料である。また、国防保安法関連では、内田芳美編『現代史資料41　マス・メディア統制（二）』（みすず書房、一九七五年）に収載されている「六二　国防保安法」と、社会問題資料研究会編『国防保安法に関する議事速記録並委員会議録（上）』（一九七八年）とが欠かせない。防諜法や防諜体制を背景とする国民動員の実態を知るには、石川準吉編『国家総動員史』（資料編第五、一九七七年）や内務省警保局『外事警察概況』（龍渓書舎、一九八〇年〔復刻版〕）が定番と言える。

○戦後の研究文献・論文から

戦後になってファシズム研究や日本軍国主義研究が鋭意進められ、膨大な成果が獲得されたが、本書のテーマに直結する研究成果は必ずしも多くはない。個別の論文では、伊達秋男「軍機保護法の運用を顧みて」（『ジュリスト』一九五四年六月一日号）、宮内裕「秘密保護法の問題点」（『世界』第一〇四号、一九五四年）、戒能通孝「戦前における治安立法体系」（『法律時報』臨時増刊、一九五八年一二月）など、比較的早い段階での分析作業があるが、いわゆる防諜問題への関心が高まったのは、一九八七年の「スパイ防止法案」が議論される前後からである。例えば、小田中聰樹「国防保安法の制定過程」（望月礼次郎他編『法と法過程』創文社、一九八六年）などがその典型であり、さらには纐纈もこれらに触発されて「戦前期秘密保護法の運用実態」（『軍事民論』第四三号、一九八六年一月）を発表している。

本書では直接触れなかったが、戦前期日本において防諜体制が最も濃密に敷かれたのは、唯一国土が戦場となった沖縄であった。纐纈『侵略戦争』（ちくま新書、一九九九年）の「第五章　天皇制軍隊の特質と戦争の実態」に「2　沖縄戦と秘密戦──沖縄で日本軍は何をしたか」を書いた（現在『侵略戦争と総力戦』社会評論社、二〇一一年に所収）。そこでは防諜体制が招く日本軍による沖縄住民の徹底監視と暴力の実態を描いた。

そうした沖縄の実態は、「スパイ防止法案」が国会に提出する前後から沖縄戦の研究家でもある玉木真哲による「〈スパイ防止法〉とその土壌」（『新沖縄文学』第六九号、一九八六年）、「戦時沖縄の防諜について」（『沖縄文化研究』第一三号、一九八七年）、「戦時防諜のかなた」（地方史研究協議会編『琉球・沖縄』一九八七年）、「日本軍のスパイ像の一端について」（『史海』第四号、一九八七年五月）など一連の成果がある。また、防諜体制研究と言える論考には、長井純市「防共と防諜　防共並防諜事務連絡会議」（『史学雑誌』第九七編第九号、一九八八年九月）がある。

沖縄戦の一側面としての防諜体制という視点から発行された書籍も少なくない。

例えば、儀部景俊編『沖縄戦　県民の証言』（日本青年出版社、一九七二年）、沖縄県教職員組合編刊『これが日本軍──沖縄戦における残虐行為』（一九七二年）、森杉多『空白の沖縄戦記』（昭和出版、一九七五年）、佐木隆三『証言記録　沖縄住民虐殺──日兵逆殺と米軍犯罪』（新人物往来社、一九七六年）、石原昌家『虐殺の島　皇軍と臣民の末路』（晩聲社、一九七八年）、中山良彦『人間でなくなる日　沖縄戦住民証言集』（集英社、一九八一年）、大島幸夫『沖縄の日本軍　久米島虐殺の記録』（新泉社、一九八二年）、安仁屋政昭『沖縄戦再体験』（平和文化、一九八三年）、石原昌家『証言沖縄戦──戦場の光景』（高文研、一九八三年）、大城将保『沖縄戦──民衆の目でとらえる「戦争」』（高文研、一九八五年）などである。纐纈自身も執筆陣の一人であったが、藤原彰編『沖縄戦と天皇制』（立風書房、一九八七年）、同『沖縄戦――国土が戦場となったとき』（青木書店、一九八七年）も加えておきたい。

次に、軍機保護法や国防保安法など一連の防諜法の研究書が相次ぎ発行されるのは、やはり「スパイ防止法案」の国会提出期である。その代表例が、斎藤豊治『国家秘密法制の研究』（日本評論社、一九八七年）と長浜功『国民精神総動員の思想と構造』（明石書店、一九八七年）である。前者は、憲法学者である斉藤が戦前期の国家秘密法制としての軍機保護法や国防保安法の条文解析を進めながら、本質的に同質の内容をもったスパイ防止法案の危険性を鋭く説いた。「戦時下民衆教化の研究」とするサブタイトルを掲げた後者の本は教育学・教育史を専門とする長浜がシリーズとして発表を続けた戦前戦後の教育を中心とする国民動員政策に関する研究書である。そこでは常会、隣組、少年・青年・壮年団などの組織を「国民包囲」組織と規定しつつ、その役割の実態に迫ったものである。

この他にも、発行年は前後するが、中山研一・斎藤豊治『総批判　国家機密法』（法律文化社、一九八五年）、藤原彰・雨宮昭一編『現代史と「国家秘密法」』（未来社、一九八五年）、上田誠吉『戦争と国家秘密法』（イクオリティ社、一九八六年）、同『核時代の国家秘密法』（大月書店、一九八六年）、上田誠吉・坂本修編『国家機密法のすべて』（大月書店、一九八六年）、畑中繁雄（梅田正己編）『日本ファシズムの言論弾圧史抄史――横浜事件・冬の時代の出版弾圧』（高文研、一九八六年刊）、神奈川新聞社編『「言論」が危ない』（日本評論社、一九八七年）、奥平康弘他『国家秘密法は何を狙うか』（高文研、一九八七年）、上田誠吉『ある北大生の受難』（朝日新聞社、一九八七年）などがある。

〇現在の監視社会を問う文献

本書のテーマに直結する現代日本の監視社会化の実態を告発しようとする書籍も、このところ目立つようになっている。例えば、この問題で早い段階から鋭い分析を行っているジャーナリストの斎藤貴男は、

『「治安国家」拒否宣言――「共謀罪」がやってくる』（沢田竜夫と共編、晶文社、二〇〇五年）、『小泉改革と監視社会』（岩波ブックレット・第五七三号、岩波書店、二〇〇二年）、『不屈のために――階層・監視社会をめぐるキーワード』ちくま文庫、二〇〇五年）、小倉利丸・海渡雄一共編『危ないぞ！ 共謀罪』（樹花舎、二〇〇六年）、海渡雄一・保坂展人『共謀罪とは何か』（岩波ブックレット、二〇〇六年）、また、『共国民保護法や共謀罪などの問題と絡めて国民動員の実態に迫ろうとした書物に、海渡雄一・保坂展人『共謀罪とは何か』（岩波ブックレット、二〇〇六年）、上原公子他編『国民保護計画が発動される日』（自治体研究社、二〇〇六年）、東京都国民ホゴ条例を問う連絡会編『地域からの戦争動員――「国民保護体制」がやってきた』（社会評論社、二〇〇五年）や、足立昌勝監修『共謀罪と治安管理社会――つながる心に手錠はかけられない』（社会評論社、二〇〇五年）、魚住昭・斎藤貴男他『おかしいぞ！ 警察・検察・裁判所――市民社会の自由が危ない』（創出版、二〇〇五年）などがある。

さらに、本書でも触れたが、立川反戦ビラ弾圧事件を扱ったものに、内田雅敏『これが犯罪？「ビラ配りで逮捕」を考える』（岩波書店・岩波ブックレット、二〇〇五年）や宗像充『街から反戦の声が消えるとき――立川反戦ビラ入れ弾圧事件』（樹心社、二〇〇五年）などがある。また、本書でも随所で引用したが、本テーマを考えるうえで、大きなヒントを得た文献に、石川真澄『戦争体験は無力か』（朝日新聞社、二〇〇六年）、樋口陽一『個人と国家』集英社新書、二〇〇六年）、水島朝穂『憲法「私」論』（小学館、二〇〇六年）、保阪正康『昭和史の教訓』朝日新書）、二〇〇七年）などがある。

最後に纐纈自身が発表してきた文献として、本テーマに直接間接に関わるものとして以下のものを挙げさせて頂きたい。『周辺事態法――あらたな地域総動員・有事法制の時代』（社会評論社、二〇〇〇年）、『有事体制とは何か　史的検証と現段階』（インパクト出版会、二〇〇二年）、『有事法制の罠にだまされるな！』（凱風社、二〇〇二年）、『有事体制論　派兵国家を超えて』（インパクト出版会、二〇〇四年）、『いまに問う　憲法九条と日本の臨戦体制』（凱風社、二〇〇六年）、『暴走する自衛隊』（ちくま新書、二〇一六年）、『逆送する安倍政治』（日本評論社、二〇一六年）。また、私の最初の単著である『総力戦体制研究――日本陸軍の国家総動員構想』（三一書房、一九八一年、新版、社会評論社、二〇一〇年）では、「第八章　軍国思想の宣伝普及と治安政策」で、「国民監視体制の設定」の見出しを付け、総力戦体制構築過程における不可欠の要件として、日本陸軍が国民監視体制への関心を急速に高めていく動きを追っている。そして、本書の「I　共謀罪で拍車かかる監視社会への道」のベースとなった纐纈の『監視社会の未来――共謀罪・国民保護法と戦時動員体制』（小学館、二〇〇七年）がある。

また、二〇一七年に入って再び共謀罪の成立が目論まれるようになって、これに関連する書籍や論文・評論も数多く刊行が試みられている。例えば、また、最近では山下幸夫編『「共謀罪」なんていらない⁉――これってホントにテロ対策？』合同出版社、二〇一六年）、平岡英夫・海渡雄一『新共謀罪の恐怖――危険な平成の治安維持法』（緑風出版、二〇一七年）、足立昌勝『テロ等準備罪」にだまされるな！――「計画罪」は「共謀罪そのものだ』（三一書房、二〇一七年）などがある。

第Ⅱ部

自衛隊はどうなっているのか

1　統幕「内部文書」は何を語っているか

――露呈した自衛隊の軍事作戦計画

自衛隊の軍事作戦計画書

二〇一五年八月一一日、自衛隊統合幕僚監部（以下、統幕と略す）が作成していた、「『日米防衛協力のための指針』（ガイドライン）及び平和安全法制関連法案について」と題する内部文書が、参議院安保法制特別委員会の場で日本共産党の小池晃議員によって暴露された。これは間違いなく「軍事作戦計画書」の類いである。安保関連法案は参議院で審議中であり、世論の強い反対もあって、その帰趨はいまだ定かではなかった。ところが二〇一五年五月、法案審議が衆議院で始まると同時に作成されたというこの「内部文書」では、安保関連法案が八月に可決成立されることを見込んだうえで、自衛隊と米軍との共同作戦を遂行する日米連合司令部を設置し、ただちに軍事作戦が展開可能な体制を確立することが、赤裸々に記されていた。

こうした文書を統幕が秘密裏に作成することは、今に始まったことではない。例えば、現在の統幕の前身である統合幕僚会議は、一九九四年の春、細川内閣の石原信雄内閣官房副長官から指示を受け、「K半島事態対処計画」という文書を作成したことがあった。

「指定前秘密」という印が押された同計画書は、前年の一九九三年三月、北朝鮮が核不拡散条約（NPT）から脱退を表明したことにともなって準備された、アメリカの北朝鮮攻撃計画に呼応したものであった。また、『琉球新報』が二〇〇〇年二月二一日付で暴露した日米両軍の秘密作戦計画である「緊急事態統合計画」も思いだされる。

さらに時代を遡れば、一九六三年一二月一〇日、衆議院予算委員会の場で岡田春夫議員（社会党）によって暴露された「昭和三八年度総合防衛図上研究」（通称「三矢研究」）もある。この「三矢研究」では、朝鮮半島有事の際の米軍の軍事作戦に、自衛隊として協力するためのシュミレーションが詳細になされるとともに、関連して必要となる有事法制を一気に成立させることまで想定されていた。

統幕は、その前身を含めて、これまでにも極秘裏に日本国民の生命・安全に直接かかわる危険な軍事作戦構想を作成してきた。それぞれの性格は異なるものの、今回の「内部文書」も、その延長線上にあるものといえる。

自衛隊を知るうえでの貴重な重要文書

統幕が作成した四九頁にわたる「内部文書」は、「日米防衛協力のための指針」、「平和安全法制関連法案」、そして「ガイドライン及び平和安全法制関連法案を受けた今後の方向性」の三部構成となっている。五月下旬、統合幕僚監部からテレビ会議により、全国の各部隊に配信されたものであり、その趣旨は、二〇一五年四月二四日に再改定された日米ガイドラインの内容と、国家での審議中の安保法制関連法案の内容について解説を加え、内容把握に努めるものであった。

最も注目すべきは、「ガイドライン及び平和安全法制関連法案を受けた今後の方向性」（三八～四九頁）である。なぜならば、そこでは「今後の方向性」の名のもとに、事実上の日米連合司令部の設置や、「東シナ海」「南シナ海」への自衛隊の関与のあり方の検討など、明らかにこれまでの一線を超えて踏み込んでいく記述がなされ、これが自衛隊全体に情報共有されたという事実があるからである。

自衛隊が安保法案に対する世論の反対や懸念、さらには国家審議をもまったく無視した領域へと暴走しているという事実が、あらためて浮き彫りになった点で、それはきわめて深刻な問題といえる。「内部文書」を通じて最初に確認できることは、安保関連法案が自衛隊の臨戦態勢構築を法的に担保するものであることである。言い換えれば、すでに軍事作戦計画は周到に準備されており、それをオーソライズするものが、審議中の安保関連法案だったということである。憲法からの逸脱の是非をめぐる憲法論議を遥かに超えて、日本が臨戦国家として登場しようとしていることを如実に示しているのが、この「内部文書」であったと言える。

同時に、安保関連法案の成立後に、いかなる形で日米軍事共同体制が敷かれていくのかという点を知る上で、きわめて重要な文章でもあった。

そこで以下、その内容を概観し、自衛隊がどこに行こうとしているのか、文民統制の観点から、政軍関係の実態がどうなっているのかを見据えておきたい。

日米合同軍事機構の設置を目論む

まず、細部から入ろう。

極めて重要なものとして指摘できるのが、「ガイドライン及び平和安全法制に基づく主要検討事項」の「Ⅲ 強化された同盟内の調整」の箇所である（四一頁）。

そこには「A 同盟調整メカニズム」、「B 強化された運用面の調整」、「C 共同計画の策定」の三項目が立てられているが、最も注目すべきは、冒頭の「A 同盟調整メカニズム」の項において、これまで有事で運用されることとされていた「調整メカニズム」（BCM＝Bilateral Coordination Mechanism）が、平時からの「同盟調整メカニズム」（ACM＝Alliance Coordination Mechanism）へ変更されていること、また、運用面の調整を実施する「軍軍間の調整所の運用要領の検討」という記述があることである（傍点筆者）。

同盟調整メカニズム（ACM）とは、日米間で運用する「日米連合司令部」のことである。その中に設置される「軍軍間の調整所」が、自衛隊と米軍という二つの〝軍隊〟が共同作戦を実質化するために、不可欠な組織となる。ガイドラインにさえ記載されていない「軍軍間の調整所」を、この「内部文書」が明記していることの意味は、自衛隊が自らを、すでに米軍と並列される一個の「軍」として自己規定しているということだろう。

ＡＣＭの実態はＢＣＭを一段と機能強化したものだが、そもそもＢＣＭとは、一九九八年一月二〇日、日米閣僚会議の場で設置が決められた、緊急事態（有事）に備える組織のことであり、有事の際の自衛隊と米軍との「共同調整所」を意図したものであった。

それは、軍事的な意味からすれば「連携メカニズム」（＝日米連合司令部）のことであり、日米両国が連合軍を編制して軍事行動を展開する場合の共同指揮所としての役割を担う組織である。

現状でも、在日米軍司令部（横田）、第五空軍司令部（同）、在日米海軍司令部（横須賀）、米陸軍軍事輸送司令官（横浜）など、主な米軍司令部には自衛隊の幹部自衛官が派遣され、常駐している。自衛隊と米軍との一体化は、今日では予想を大きく越えるレベルに達しているはずだ。

さらに、「Ｃ 共同計画の策定」の項においては、「共同計画策定メカニズム」（ＢＰＭ＝Bilateral Planning Mechanism）を通して「共同計画」の策定が実施されるとしている。

これはいうならば〝日米合同軍事機構〟である。そこにおいて、日米両国が形式的には対等の立場で共同作戦計画の立案・運用を進めるとする。注目したいのは、「統幕が主管となって」計画策定を行うと明記されている点だ。要するに、安保関連法案の可決成立を待って、日米両国政府は直ちに合同軍事機構の本格的立ち上げに入ろうとしていたことがうかがえる。

この合同軍事機構の立ち上げは、一九九七年のガイドライン改訂の際においても、最も力点が置かれた課題であった。すなわち、当時の橋本龍太郎政権のもとで、一九九八年一月二〇日、小渕恵三外相と久間章生防衛庁長官とがコーエン米国務長官と会談し、ガイドラインを実行する中核組織として

「包括的メカニズム」を同日付で発足させたという経緯があった。同時に両国政府は、日本有事の共同作戦計画と周辺事態の相互協力計画の策定に着手することで合意し、日本政府はガイドラインの実行作業に入り、一連の有事関連法案の検討作業を開始したのであった。その結果として、周辺事態法案の国会上程に漕ぎつけたのである。一九九八年二月一二日から実施された「日米共同統合指揮所演習」（キーンエッジ98）は、その成果が「共同作戦計画」の検討に活用されてもいる。

そうした流れを受けて、当のガイドラインでは、「包括的メカニズム」という用語が消え、「共同計画策定メカニズム」（ＢＰＭ）と名称変更された。今回の「内部文書」では、このＢＰＭが「共同計画の策定」を行うとされている。前回との違いを「内部文書」は、「今までの『包括的メカニズム』という枠組みでの『計画検討』から、『共同計画策定メカニズム』という枠組みになり、統幕が主管となって『計画策定』を行う」と明言するに至った。ここでのポイントは、「計画検討」から「計画策定」となったことであり、その「主管」が統幕、すなわち自衛隊制服組（以下、武官）となっていることだ。

この点に関連して筆者は、先に「包括的メカニズム」が論議になった際に、そのメカニズム（機構）の構成員がいったい誰なのかという点について問題にしたことがある。「共同作戦計画」や「相互協力計画」の原案が、どの組織で作成されるかが不透明であったからである。そこでの筆者の結論は、その組織が、「包括的メカニズム」の基底部分をなす「共同計画委員会」（ＢＰＣ＝Bilateral Planning Committee）に間違いないというものであった。ＢＰＣは、自衛隊と在日米軍・太平洋軍のメンバーによって構成されている（纐纈厚「平素からの協力」山内敏弘編『日米新ガイドラインと周辺事態法』法律文化社、一九九九年)。

ＢＰＣが日米両国の武官だけで構成されていたように、この「内部文書」で明らかにされたＢＰＭも間違いなく両国の武官から構成され、統幕がその主導権を掌握することになろう。最新のガイドラインは、日米安全保障協議委員会(ＳＣＣ＝Japan- United States Security Consultative Commitee)の役割に言及しているものの、要は「計画策定」はＢＰＭで行うことが暗黙のうちに示されていると見て良いであろう。つまり、この「内部文書」からは、自衛隊における武官の突出ぶりが顕著に見て取れるのである。

政策選択に介入する統幕

この他にも統幕の独走ぶりを示す事例として、二点だけ取り上げておきたい。

第一は、「ガイドライン及び平和安全法制に基づく主要検討事項」の「Ⅳ 日本の平和及び安全の切れ目のない確保」の「Ａ 平時からの協力措置」の項において、「情報収集、警戒監視及び偵察」における「○東シナ海等における共同ＩＳＲのより一層の推進 ○南シナ海に対する関与のあり方についての検討」という記述である。ＩＳＲ(intelligence, surveillance and reconnaissance)とは、情報収集・警戒監視・偵察の意味である。ここからは、新ガイドライン及び安保関連法案が、つまるところ中国との対峙関係を前提として法制化されようとしていることが見てとれる。

現在、軋轢を深めている日中関係だが、それだけに対峙関係を軍事的緊張関係の恒常化へと収斂する選択は回避すべきであろう。それにもかかわらず、中国をライバル視することによって、統幕の役割への期待を確保しようとする思惑が透けて見える。安保関連法案の可決成立を目指す政府・与党は、そうした硬直した外交防衛姿勢を堅持しているというメッセージを相手方、ひいては国際社会に与えてしまっている。これが戦略的にみて国益に適い、国民の安全に帰結するものとは到底思われない。

第二は、「内部文書」の四七頁に、「南スーダンPKO」（UNMISS）への「駆けつけ警護」が追加されていることだ。そこでは次のように記述されている。

○法律改正に伴い、「他国軍隊要員との宿営地の共同防衛」が実施可能になるとともに「駆けつけ警護」等がUNMISS派遣実施隊の業務として追加される可能性あり
○武器使用の権限については、「宿営地の共同防衛」は『自己保存型』、「駆けつけ警護」は『任務遂行型』の武器使用

要するに、武器使用の大幅な緩和が予定される一方で、内戦状態となって派遣自衛官が戦闘状態に入る可能性が高くなっている南スーダンへの派遣継続を所与の前提として捉えているのである。戦闘状態に陥ることへの制約が事実上解除されるに等しいこうした想定が、内部で検討されていることは看過できない問題である。自衛隊の海外派遣の是非そのものの疑問も消えていないなかで、統幕はすでに戦闘になることを見越した部隊編成を、着々と進めていると疑うに充分な記述である。統

幕の明らかな勇み足であるが、自衛隊内では既定路線となっているのではないか、と推測せざるを得ない。

ここまでの検討で取り上げた内容だけ見ても、統幕が日本の外交防衛政策の枠組みにかかわる政策実施を企画していることに驚かざるを得ない。安保関連法案の審議で取り上げられていない事項にまで言及していること自体、由々しき事態と言える。これはもはや「分析・研究」のレベルを超えた、統幕の政策提言あるいは政策要求である。

安倍政権がこの政策要求に事実上の同意を与えているとすれば、日本の外交防衛政策の重要事項が統幕によって規定されるということにもなりかねない。それこそ、戦前の軍部が行った政治介入のプロセスとの類似性を指摘せざるを得ない。この点については、もう少し後で述べておきたい。

機能不全に陥った文民統制の現状

次に、少し大きな視点から検討しておこう。

そもそも、日米両国政府間で取り交わされた防衛外交に関わる申し合わせのための「指針」(ガイドライン)に過ぎない一片の文書が、自衛隊と政府にとって、あたかも最終的かつ決定的な規範として位置づけられていることの問題性を指摘しておきたい。

今回の三度目のガイドラインは、これまでと同様、国会で審議も承認もされていない一片の行政文書である。そこに記載された内容を実態化するために国会の場を借りて、しかも多くの懸念や反対の意思を示す世論を無視して、法制化を急ぐことは、断じて容認できるものではない。

そのようなガイドラインや、安保関連法案でさえ取り上げていない「軍軍間の調整所」などが記載された「内部文書」の存在が示すものは、統幕が憲法の制約や世論の動向とは関わりなく、軍事的合理性のみを追求する姿勢を固めているということである。

同時に、自衛隊に対する文民統制が機能不全に陥っているという現実も認めざるを得ない。

「内部文書」のなかの「Ⅲ 強化された同盟内の調整」の「C 共同計画の策定」のプレゼン説明文に次の記述がある（四一頁、傍点筆者）。

> これまでは日米共同計画については「検討」と位置付けされていたことから、共同計画の存在は対外的に明示されていませんでしたが、今後は共同計画の「策定」と位置付けられ、日米共同計画の存在を対外的に明示することになります。抑止の面で極めて重要な意義を有するものとなります。

つまり、日米共同計画を「対外的に明示」することで、抑止力の強化・向上を果たすことが、外交防衛政策を進める上で重要だとしているのである。

ここでの問題は、自衛隊と米軍による事実上の軍事作戦計画の策定を、外交防衛政策の中に位置づけるよう要請していることであり、国政の根幹に直接関与しようとする統幕の姿勢が示されていることだ。つきつめて言えば、日本の軍事力の一体化を要求する内容である。「日米共同計画」という名の軍事作戦計画が、自衛隊の統幕を「主管」として進められる道筋が明らかにされたのである。このこと自体、文民優越を基本原理とする文民統制の観点からも由々しき問題である。

また、これは統幕がこうした機会を利用して、日本の外交防衛政策の基軸を、抑止力強化・向上を口実とする軍事依存の方向へ向けるように迫っているもの、とする見方も決して的外れではないと思われる。

アメリカとの軍事的一体化が、今後の日本が追い求めていくべき方向であるか否かについては、まずもって、国民の意思と国会が判断することである。それにもかかわらず、「内部文書」が自衛隊内で周知徹底されようとしていることは、明らかな統幕の独走と判断されても仕方あるまい。また、文民統制の観点から言っても、文民優越を民主主義の基本本原理とする日本の政軍関係を根底から否定するものと言わざるを得ない。

「内部文書」が明らかになって以来の、安倍晋三首相及び中谷元防衛大臣（当時）の国会での発言も大変気になるところだ。特に安倍首相は「内部文書」の作成は「当然の行為」と、居直りとも受け取れる答弁を行っている。

だが「検討するのは当然のこと」との発言が、日本の外交防衛政策に決定的影響を及ぼしかねない統幕の政策要求を事実上是認する発言と受け取られる可能性は大きい。防衛政策は、多様な選択肢のなかで、世論の反応を十分に汲み取りながら、最終的には国民の負託を受けた政治家が判断すべき事柄である。武官による先走った「検討」を安直に是認することは、文民統制を自ら放棄するに等しい行為である。

安倍首相らの反応ぶりは、防衛政策については武官の見解に依拠し、あるいは自らの親自衛隊姿勢を発揮することで進めることが合理的と判断しているかのようである。

政軍関係を厳しく問う機会に

統幕の権限強化、集団的自衛権行使による自衛隊の海外派遣体制の確立、日米軍事共同作戦の立案・実施、それに安倍政権が志向する改憲路線など、自衛隊や日本の外交防衛政策は、新たな段階に至っている。

そうした現段階を踏まえて、「内部文書」の持つ意味を問うならば、自衛隊の宿願であった自在な行動を確保する内容となっていること、安保関連法案を早期に成立させ、日米共同軍事態勢を確立し、ライバル国に対峙する国家体制を構築する方向性が示されていることが見てとれる。

こうした方向性が推し進められていけば、統幕組織の肥大化と権限強化が一段と進むことになりはしないか。そうなれば戦前と同様に、政治や外交のレベルに軍事主義的判断や論理が持ち込まれ、平和主義を踏まえた外交力の発揮や外交努力の蓄積にブレーキがかかってしまうのではないか。

加えて、「戦争法案」と言うべき安保関連法案が、〝文民ミリタリスト〟たちによって成立の運びとなった時点で、勢い自衛隊の武官たちが堂々と政治の舞台に登場し、強面の軍事外交路線を先導する可能性さえ、現実味を帯びてくるのではないか。

ただし、ここで留保しておくべきは、統幕や自衛隊の武官たちの全員が、臨戦国家日本への立ち上げを支持しているわけでは決してないことだ。日本国憲法のもと、民主主義社会にあって政治と軍事が共存し、あるべき政軍関係を模索していくべきだと判断している武官も当然存在するはずだ。高度専門職能集団としての自衛隊が、今後民主主義社会のなかで受容されるためには、民主主義の規範に従順であるべきだとし、むしろ冒険主義的な自衛隊運用を強要する〝文民ミリタリスト〟とも表現できる政治家の存在を疎ましく思う武官も少なからずいるだろう。アメリカ流の政軍関係の視点から言えば、武官と文官との信頼関係の構築こそ重要だと踏んでいる武官の存在も無視できない。自衛隊と統幕あるいは防衛省の官僚も含め、決して一枚岩ではない日本の防衛機構ではあるが、そうした武官はいまや少数派となっているのではないか、と思われる。

今回の「内部文書」は、そうした自衛隊内部の現状がありながらも、臨戦国家化が日本の外交防衛政策において着実に進められていることの歴然たる証拠として受け止めておきたい。こうした事態に対し、日本の政軍関係のありようを厳しく問い続けなくてはなるまい。

（『世界』第八七四号・二〇一五年一〇月号収載に加筆。原題は「自衛隊の軍事作戦計画」）

2 〝新軍部〟の登場へ突き進むのか——困難化する民主主義との共存

はじめに　自衛隊の〝国防軍〟構想

安倍晋三内閣による集団的自衛権行使の決定（二〇一四年七月）、安保関連法の強行可決（二〇一五年九月）により、日本はいよいよ「戦争のできる国」へと決定的とも言える舵切りを行った。あまたの国民の声や世論の動きを嘲笑うかの如くの暴挙に、この国の民主主義にとっても戦後最大の危機がやってきた。「戦後レジームからの脱却」と安倍首相は繰り返す。しかし、それは私に言わせれば、「戦前レジームへの回帰」の意味と解釈せざるを得ない。

安倍内閣は、戦後営々と築き上げてきた平和と民主主義を志向する人々の思いを真っ向から否定する。安倍首相の言う「戦後レジーム」とは、この平和と民主主義を日本国憲法に依拠して実現しようとする社会を指すのであろう。「戦後レジーム」からの脱却とは、これを否定・解体することを意味する。また「戦後レジームからの脱却」とは、同時にアジア太平洋戦争を事実上侵略戦争と断じた日本国憲法の歴史認識を否定し、戦前日本の権力を厳しく糾弾した東京裁判の意義を反故にしようとするものでもある。

ならば、安倍内閣は一体何を目指しているのか。この間の安倍首相や安倍内閣の閣僚たちの言動から総じて言えるのは、日本国憲法を改悪し、戦後体制の根底からの見直しを推し進めようとしていることである。戦後の平和思想や運動にあったものを「消極的平和主義」と断じ、代わりに「積極的平和主義」を主張する。後で触れるが、これは戦争によって「平和」を獲得しようとする、明らかに軍事主義の上に構想される「平和」だ。これは本当の平和と呼ぶに値しない。

侵略戦争という歴史認識を語る日本国憲法を解体することの大きな狙いの一つに、アジア太平洋戦争は「アジア解放戦争」であり、「聖戦」であったとする復古主義的・国粋主義的歴史観の普及がある。つまり、平和と民主主義を実現する背景となる歴史認識を否定し、歴史事実の改竄・曲解による侵略戦争否定論を定着させようとする。侵略戦争の直接的な担い手であった旧日本軍の役割を再評価し、その精神と目標を受け継いだ組織としての「国防軍」の設置が構想される。

専守防衛を基本原則とする自衛隊から、「平和」獲得を口実とする戦争発動をも敢えて排除しない軍事政策を断行する物理的装置としての軍隊を、「国防軍」と名称変更する。それは「戦争のできる国」を実質化するために、極めて優先度の高い目標として設定されているはずだ。そのことは、二〇一三年四月二七日に自民党が公表した「日本国憲法改正草案」（以下、「草案」と略す）に明確に示されている。

本章では、安倍内閣の「国防軍」創設構想の実態を把握するために、現段階における「国防軍」予備軍としての自衛隊の変容ぶりを追う。そこでの結論は、自衛隊が現段階で「国防軍」としての役割期待を自覚しつつ、安倍内閣の外交防衛政策を、ある意味では先取りする格好で動いていること、自衛隊制服組の中核に位置する制服組高官たちのなかに軍事主義が露骨なまでに表出していること、それが安倍政権の強面の外交防衛政策によって一層拍車がかかっていること、すでに〝新軍部〟と形容して過剰ではないような自衛隊内組織が出来上がりつつあること、である。

そのことを通して、平和と民主主義を貫徹していくうえで、こうした事態が極めて憂慮すべきものであり、二〇一六年三月二九日に施行された安全保障関連法の発動を絶対に阻止することが、私たちの重大な課題となっているということを、あらためて強調していきたい。

「国防軍」創設の背景

「草案」に示された「国防軍」創設は、何ゆえにこれに盛り込まれたのか、その意図はどこにあるのかについて、まず触れておきたい。特に、第二次安倍内閣成立以後、国防軍創設に向けて拍車がかかっている状況を踏まえつつ、その背景を整理しておく。

安倍首相が戦前政治への回帰を志向し、戦後憲法を蔑ろにすることの潜在意識の中には、安倍の対米自立志向と、それを物理的に担保する「国防軍」創設への意欲を垣間見せるケースが散見される。かつて、対英米自立路線を選択し、「自給自足国家（アウタルキー国家）日本」を建設する目的の下に中国東北部（旧満州）への侵略を仕掛け、東条英機ら軍部と結託して大陸国家日本の建設に奔走した岸信介の政治手法をまねて、安倍首相もまた自立国家に適合する新憲法と「国防軍」の創設を目論んでいるといえる。

そうした目論見は、安倍首相自身が抱く国際政治への受け止め方にも深く関連している。すなわち、安倍首相は、国際政治が依然として力の論理、すなわち力と力の対立と対決を特徴とする冷戦システムで動いている、と見ているのである。残念ながらアジア大洋戦争の本質からも、また戦後の東西冷戦からも歴史の教訓を引き出し、学び取ることには億劫な安倍首相は、力の論理が結局は暴力の連鎖を生み出し、力の均衡論と抑止論とが、あまたの局地戦や民族紛争を生み出したこと、冷戦時代には第二次世界大戦に匹敵する人命が失われ、貧富の格差も地球規模で拡散したことなど、歴史の事実に無頓着を決め込んでいるかのようである。

「国防軍」創設意図の深層には、既に触れた安倍首相に象徴される、軍事力によってでも自立性を確保したいとする国家主義の思想や観念が透けて見える。そこには短期的かつ中期的には、日米安保体制の強化を前提とする日米軍事同盟路線を踏襲するとしても、同時に独自の軍事力を構成し、独立国家としての体裁を整えたいとする欲求が潜在している。

自民党が結党以来、一貫して追求してきた自主憲法制定の動きには、要するに現行憲法がアメリカに「押し付けられた憲法」であり、独立国家日本の歴史には必ずしもふさわしくない、とする認識があるようだ。当面はアメリカと協調しつつも、そのアメリカに「押し付けられた憲法」を放棄し、自らの手で自主憲法を制定することが、真の独立国家へと脱皮するためには必然とする判断がある。

かつては、自衛隊を「自衛軍」に、そして今回さらに踏み込んで事実上の〝日本軍〟としての「国防軍」創設を打ち出してきた背景には、そうした観念に囚われた、私の言う「新〈アジア・モンロー派〉」が、自民党の内外で勢いを増している事実がある。

戦争に帰結した〈アジア・モンロー派〉

ここで少し戦前の歴史をひも解いてみたい。第一次世界大戦は、人類史上類を見ない甚大な被害を大戦参加諸国に与えた。ここで表向き相反する二つの潮流が浮上する。一つ目の潮流は、大戦で示された惨禍を二度と繰り返さないための国際平和主義及び民主主義であり、そして人間の平等を重んじた社会主義の普及である。とりわけ、平和主義と民主主義（デモクラシー）はコインの裏表の関係として捉えられ、政治の主導権を、戦争を発動した国家の権力者たちから民衆の手に確保するため、民主主義の徹底が叫ばれた。その結果、国際平和主義を担保する国際組織としての国際連盟が設立される。世界各国で民主主義を標榜する政党や組織・団体が政治の主導権を握ろうとし、社会主義が世界平和実現の促進剤となった。

日本でも大戦終了後に原敬を党首とする政友会が内閣を組織し、軍事権力の抑制に乗り出す。その後、普通選挙運動の成果として一九二五年に普通選挙法が成立する。また、日本型民主主義として吉野作造が説いた「民本主義」が注目され、いわゆる大正デモクラシーの時代が到来する。そこでは欧米先進諸国の政治制度に倣う傾向が顕著となり、日本社会の欧米化も促されることになる。

もう一つの潮流は、総力戦論の台頭である。第一次世界大戦では戦車、潜水艦、航空機などの近代兵器が登場し、その優劣が勝敗の帰趨を制することになった。同時に戦場域の拡大は銃後と戦場の垣根を払拭し、その結果として甚大な戦争被害が生じた。こうした兵器体系の革命的な変容と戦場域の拡大によって、戦争形態は従来の内閣戦（Cabinet War）から、総力戦（Total War）へと大転換することになる。参戦諸国の軍人や政治家たちは、この戦争形態の大転換に注目し、将来の戦争は、より徹底した総力戦となると予測し、これに対応する国家形態の転換を模索する。そこから総力戦国家の建設を志向するところとなった。

日本でも、総力戦国家建設に不可欠な要素として、総力戦を遂行するために必要な資源を確保し、「戦争エネルギー」を供給する場の設定が構想された。単独で戦争を遂行することが可能な体制を整備するために、日本の自給自足国家（アウタルキー国家）化が求められたのである。そうするなかで「満州事変」が引き起こされ（一九三一年九月一八日）、「満州国」（満州帝国）を建国していく。この潮流は、従来英米との協調・同盟関係を重視してきた、いわゆる〈親英米派〉との抗争を本格化していく。この一群を、〈アジア・モンロー派〉と称することがある。「モンロー主義」というのは、かつて、アメリカ合衆国がアメリカ大陸における英仏などの干渉を排除する代わりに、ヨーロッパの政治に干渉しないという、第五代大統領ジェームス・モンロー（James Monroe, 一七五八〜一八三一）によって提唱された戦略である。それは「栄光の孤立」政策と呼ばれた。

アジア地域の独占支配を意図した日本の孤立政策を進めた〈アジア・モンロー派〉は、外交交渉ではなく、武力発動によって最終的に「満州国」建国（一九三二年三月）を実現していく。〈アジア・モンロー派〉の一群は、一九四一年一〇月に政権を掌握するに至る。〈アジア・モンロー派〉の軍事官僚であった東条英機内閣の成立である。加えて、「満州国」の経営に深く携わった岸信介が、東条内閣の商工大臣として副首相格で入閣し、東条を支えた。

岸信介の外孫である安倍晋三は、岸の政治姿勢や政治経歴に強い尊敬心を抱き、憧憬の心情を隠していない。そこから安倍は、一方では日米同盟関係の強化を説きながら、他方では岸と同様に自給自足国家、あるいは同盟相手のアメリカとの関係を相対化し、将来的にはアメリカとの関係の見直しすら、視野に入れているのではないか、と思われるのである。

集団的自衛権の思想

こうした安倍政権及び自民党の姿勢に、当のアメリカは特に国務省を中心にして警戒感を隠していない。自衛隊が文字通り、アメリカ軍を補完する役割を、そのまま「国防軍」が担うのかについて、その創設意図からして疑問視しているのである。その点を憂慮する一群も、自民党内に確かに存在する。これら党内外のせめぎ合いは、水面下では続いていると思われる。それで、安倍首相等が目論むような一気呵成に事が運ぶ可能性は高くない。しかし、最大の阻止要因は、自民党外の改憲阻止勢力であることは論を俟たないであろう。

そこで、安倍政権として当面は外堀を順次埋めていく方向を探る手法を選択するはずだ。それが従来から議論されてきた集団的自衛権行使への踏み込みであり、もうひとつは本格議論が開始された特定秘密保護法の制定であった。これらの外堀を埋めることは二〇一五年九月までに国民世論の激しい反対行動に背を向けて強行されたことは記憶に新しい。

このうち集団的自衛権については、安倍首相の私的諮問機関「安全保障の法的基盤の再構築に関する懇談会」（以下、安保法制懇）で、最初から答えありきの議論が進められた。安保法制懇の座長代理を務めた北岡伸一国際大学長の発言に、ある意味で集団的自衛権の意図がどこにあるのかが端的に示されていた。

北岡学長は、「信頼できる国と提携することで未然に紛争の可能性を減らすことができる。個別的自衛権だけで自分を守ろうとすると巨大な軍備が必要になる」（『読売新聞』二〇一三年八月二五日付「憲法再考6　集団的自衛権」）とし、集団的自衛権容認の理由として、抑止力の強化と軍備の軽減化を挙げていた。これは一見極めて合理的な理由づけに聞こえる。しかし、現在の日本を取り巻く軍事環境が、言うまでもなくアメリカの主導する軍事同盟で規定され、実際上、アメリカと共同軍の編成を強いられる結果となることは明白だ。つまり、日本の主体的な軍事判断は間違いなく絵空事に終わる。集団的自衛権の容認となれば、日本本土が襲われる危機でなくとも、自動参戦の状態に追い込まれるのである。

私は日本が侵略される可能性は、限りなくゼロに近いと判断する。だが、集団的自衛権を発揮する前提で構築される軍事力が、北岡学長の言うように巨大な軍備が不要となるかもはなはだ疑問だ。場合によっては、アメリカの肩代わりをして、一定の軍事作成を担うことになり、むしろ軍備拡大は回避不可能となろう。集団的自衛権行使容認の先には従来に増しての自衛隊軍拡の道が待っていると捉えた方が間違いない。実際、近年における自衛隊の正面整備体系を観察すれば、明らかに外征型軍備の充実が顕著なのである。自衛隊が専守防衛型の正面整備体系から、大きく逸脱していることは指摘するまでもない。

逆に言えば、これまで個別的自衛権を前提に専守防衛の立場を貫いてきた最大の理由としての軍備拡大の可能性の排除という点をリセットすることに、集団的自衛権容認論の本当の理由があるとさえ言っても過言でなかろう。北岡学長は、その専守防衛自体についても、その定義づけの見直しを口にしており、「専守防衛は、殴られるまでは絶対に反撃しない、ということではない」（『朝日新聞』二〇一三年八月一〇日付「北岡伸一・安保法制懇座長代理に聞く」）と言う。事実上、従来の定義を大きく逸脱し、真逆の方向性を示す。つまり、自衛隊が専守防衛論を事実放棄している現実を赤裸々に語ってみせるのである。言うまでもなく、北岡学長は、安倍首相の外交防衛ブレーンの一人として信頼が厚い人物である。

これらを整理すると、明らかに構想されている集団的自衛権は、日本の国外において集団的自衛を口実にして軍事発動を可能とさせるものだ。言うまでもなく、憲法九条で明確にされている「戦争放棄」の原則を正面から否定するものであり、事実上の改憲である。

安保法制の国会論議では、安倍首相は集団的自衛権の具体事例として、公海上で攻撃を受けた米艦船の防衛、米国に向かうかもしれない弾道ミサイルの迎撃、国連平和維持活動などでの他国部隊に対する「駆けつけ警備」、戦闘地域での輸送、医療後方支援の拡大など四類型を挙げた。だが、実際上、アメリカとの軍事共同作戦となれば、軍事常識からしてこの四類型に限られないはずである。いったん集団的自衛という名の共同軍事行動への参加となれば、日本側の都合だけで歯止めはかけられないということだ。

顕在化する自衛隊制服組の台頭

自衛隊制服組は、文民統制の名の下に、直接的には防衛省内背広組によって、事実上その動きが統制され牽制されてきた。しかし、例えば二〇〇四年六月一六日、その文官統制の象徴事例であった防衛参事官制度の見直しを当時の古庄幸一海幕長が要求し、その後それが実現した。さらに、自衛隊の運用に文官（背広組）が深く関わる防衛省運用企画局が廃止されることになったが、これは幹部自衛官（制服組）が文官の権限を弱めることを自民党幹部に要請した結果とされる。この結果、自衛隊の運用は統合幕僚会議に一元化される見通しである。

つまり、肥大化しつつある防衛機構（軍事機構）が、政治の統制を離れて独自の展開を可能とする体制が着々と進められていたのである。文民統制の一層の形骸化の問題と集団的自衛権容認との問題を同時に捉える必要があるが、メディアにそうした認識が欠落していることは頗る問題である。こうした事態を踏まえつつ、ここで広く議論すべきことは、例えば領土問題による軋轢が深刻化したからと言って、日本が本当に侵略される可能性があるのか、真剣に考えてみるべきだということであろう。

国際社会に一定の地位を占める国家が正面切って侵略されるとすれば、侵略国は国際社会から総批判を受け、その瞬間から国際社会から放擲されるのは必至である。そこまでのリスクを背負って侵略行為が強行されるというのは、まったくリアリティを欠落させた判断である。「国防軍」創設は、結局のところ中国軍事力の強大化を過剰なまでに指摘しつつ、多くの世論の反対を押し切って集団的自衛権行使容認、特定秘密保全法の制定、国家安全保障会議（日本版NSC）の設置、それに内閣情報局の創設構想など、ハードな軍事国家としての体裁を整えたいとする一連の流れのなかで捉えるべきであろう。

さらに言えば、防衛大綱の見直しと連動して検討されている国家安保戦略の策定問題をも含め、この国が再び、非常に柔軟性を欠いた二一世紀型の軍事国家へと変貌しようとしていることは間違いない。国家防衛を口実にして市民社会の軍事化が進行していけば、例え戦争それ自体が起きずとも、自由・自治・自律の精神と思想に裏打ちされた私たちの市民社会は、音を立て根底から崩れゆくであろう。

重要なことは、国家防衛のために自動参戦状態に日本を追い込みかねない集団的自衛権の容認ではなく、国際平和社会に寄与する逞しい平和構築の意思を抱く平和市民が主体となり、世界から信頼される国家社会を建設することではないのか。そうしたあるべき方向性と真逆の方向に進もうとしている安倍首相及び現政府に、私たちは厳しい姿勢で臨まなければならない。そうでないと、後戻りのできないことになろう。

こうした危険な方向へ舵を切ることこそ、安倍首相は「日本を取り戻す」ことだと言う。これに対して私たちは、憲法九条に掲げられた崇高な理念と目標を活かす意味で、「平和を取り戻す」という言葉で応じていくべきはないだろうか。そう考えるならば、自衛隊制服組の台頭、文民統制（文官統制）の形骸化を阻み、平和が軍事にとって代わられないために、いま一度平和と民主主義の原点に立ち返る必要があろう。

現実味増す〝新軍部〟の成立

「国防軍」創設計画が安倍政権下で確実に具体化されつつある。私に言わせれば、それは戦前の軍部に代わる戦後版の軍部、すなわち〝新軍部〟の成立過程と称しても良いような危険な事態である。その具体事例を以下、取り上げておく。ここまで来た自衛隊組織改編のなかで、すでに事実上の国防軍が出来上がっている、とさえ言い得る内容である。

メディアは事の重大さへの気付きが弱かったのではないかと思われるが、戦後政治と軍事との関係に一大転換が強行された事案が発生した。二〇一五年二月二二日、各社新聞が一斉に報道した防衛省設置法改正案である。そしてこの改正案は、同年六月一〇日に参議院本会議で可決成立している。

特に注目されるのは第一二条だ。もともと同条文は、文官である防衛大臣を補佐する背広組（文官）と制服組（武官）の役割において、文官の優位性を明確にする内容のものであった。これはかつて、軍部が統帥権独立制度を盾にとって政治介入し、やがて軍部主導の政治体制が創られてしまったことを教訓としたものである。

防衛大臣を直接補佐する内局の防衛次官・官房長・局長らが所掌を越えて大臣を直接補佐する参事官を兼ねる防衛参事官制度は、いわゆる日本型文民統制であり、これを文官統制と呼んできた。この防衛参事官制度については後述するが、二〇〇九（平成二一年）六月三日に公布された「防衛省設置法等の一部を改正する法律」（法律第四四号）において、防衛参事官制度を廃止することが盛り込まれ、同年八月一日に施行されていたのである。

制服組は、事実上文官統制を廃止しただけでは飽き足らず、制服組と背広組は、防衛大臣の下で対等・同格の存在であることを明文化するに及んだ、というのが事の真相である。文民統制の基本原理である文民優越をはっきりと否定したのである。

文民優越は、自衛隊と防衛大臣との間に文官の政治判断が介入できる余地を創ることによって、自衛隊制服組の動きを抑制する役割を果たすものであった。それが今回の改正によって、安全保障に関わる様々な危機対応の点で、場合によっては背広組をスキップして制服組から直接に防衛大臣に意見具申が可能となる。

他方では、防衛大臣も背広組の意見を聴取することなく、直接に各幕僚長に部隊運用を含めて直接指示が出せることになる。防衛大臣の権限の強化とも言えるが、政治家である防衛大臣であってみれば、事実上背広組の判断に一任するケースも多くなり、制服組に対する政治統制も効かなくなることも充分にあり得る。その反面で制服組の要求や判断が独り歩きする危険性が出てこよう。

これまでは、内局の官房長・局長（背広組）が、防衛大臣の行う幕僚長（制服組）への「指示」、「承認」、「一般的監督」に関して補佐するという仕組みであった。つまり、防衛大臣が行う幕僚長に対する指示・監督などを、「補佐」という形で実質的には内局の文官が、防衛大臣に代わって実行していたわけである。改正案では、この大臣への補佐を二つに分けて、内局の文官の補佐は「政策的見地」からのものに限定し、「軍事専門的見地」からの補佐は制服である幕僚長に一元化する、とした。その狙いがどこにあるのかについて、防衛省大臣官房作成の法案改正案の「大臣補佐機能の明確化」(二〇一四年三月)は、次のように説明する。

①政策的見地からの大臣補佐の対象について、幕僚長や幕僚監部に関するものに限定している現行各号のような規定とはせず、省の任務を達成するための省の所掌事務の遂行とすること、②政策的見地からの大臣補佐は、統合幕僚長、陸上幕僚長、海上幕僚長、航空幕僚長による軍事専門的見地からの大臣補佐と「相まって」行われることを明記する、③政策的見地からの大臣補佐の主体として、新設される政策庁の長たる防衛装備庁長官(仮称)を加える、である。

要約すれば、制服組幹部の防衛大臣への直接補佐による自衛隊運用の迅速性確保と軍事的視点からする行政判断の強化を図るものと言える。以上の観点を踏まえて、「官房長及び局長並びに防衛装備長官は、統合幕僚長、陸上幕僚長、海上幕僚長及び航空幕僚長(以下「幕僚長」という。)が行う自衛隊法第九条第二項の規定による隊務に関する補佐と相まって、第三条の任務達成のため、防衛省の所掌事務が法令に従い、かつ、適切に遂行されるよう、その所掌事務に関し防衛大臣を補佐するものとする」とした。

自衛隊の運用について従来カバーしてきた内局の運用企画局を廃止し、その役割を制服組主体の統合幕僚監部に一元化することも決定している。これまでは、自衛隊の運用のノウハウを持つ防衛官僚(文官)が、制服組より優位な位置を占めてこれを統制することが合理的である、と考えられてきた。ところが、文官が介入する余地を削ぐことによって、自衛隊の運用や軍事知識が十分でない首相や防衛大臣(文民)が、制服組の意向に沿った形で判断を下すことになってしまう恐れがある。戦前の陸軍参謀本部や海軍軍令部など、いわゆる軍令機関が陸軍省や海軍省などの軍政機関からも事実上独立した権限を有して、政治の軍事への介入や統制を拒否・排除し、逆に政治介入を果たすことになった歴史事実を想起せざるをえない。

今回の措置は、文民統制や文民優越の基本原則を事実上否定するものである。文民統制は形式以上のものではなく、例え最高指揮官が文民である総理大臣だとしても、実質上は自衛隊制服組の政治的発言力を統制することは極めて困難となるのである。

着々と進む文官と武官の対等化

戦後日本の文民統制は、国会や内閣の自衛隊組織への統制が効いているという建前で、その存在の正当性や組織強化を図ってきたという側面が指摘できる。文民統制といっても、現実的には文官統制のシステムを起動させてきたのであった。いわば、文官統制が、戦後の日本において文民統制としての機能を事実上果たしてきた。

二〇〇九年の防衛省設置法改正で、この文官統制が焦点となった。国会、あるいは内閣による統制が健全に機能するのであれば、文官統制が事実上廃止されたとしても、広義の意味における文民統制が形骸化するわけではない。しかし、国会あるいは内閣による統制が、これまで必ずしも文民統制としての実を挙げてきたわけでもなかった。

背広組と制服組とのせめぎ合いは、いまに始まったことではない。その第一幕は、一九九七年六月、橋本龍太郎首相時代に、制服組に国会や他省庁との連絡を禁じた「事務調整訓令」が廃止されたことであった。これにより、政治家と自衛官との直接の接触や交渉が解禁された。次いで、先に触れたように、二〇〇四年六月一六日の防衛参事官制度廃止への動きが活発化していった。

石破茂防衛庁長官（当時）をはじめ、防衛庁内部部局（以下、内局）の主だったメンバー、統合幕僚会議議長（以下、統幕長）を筆頭とする制服組の主だった幹部たちが一堂に会する場で、出席者の一人である古庄幸一海幕長（当時）が、「統合運用体制への移行に際しての長官補佐体制」と題する文書を示し、背広組が制服組を統制する日本型文民統制の見直しを迫ったのである。

海幕長は、日本型文民統制そのものである参事官制度を事実上廃止し、さらには防衛庁背広組のトップである防衛事務次官が持つ自衛隊に対する監督権限を削除し、新設の統合幕僚監部の長が担うとする要求を出したのである。文民でもある防衛事務次官の監督権限削除要求は、明らかに文官統制だけでなく、文民による統制を排除しようとするものであった。

せめぎ合いの第二幕が、二〇〇八（平成二〇）年一二月二二日に防衛省が省改革・組織改編のためにまとめた、「二二年度における防衛省組織改革に関する基本的考え方」である。それによると、防衛政策局を「文官と自衛官を混合させる組織」として拡充すること、運用企画局を廃止して、自衛隊の運用に関する権限を統合幕僚幹部に集約すること、内局と陸海空三自衛隊にまたがっている防衛力整備部門を統合することなどが挙げられている。こうして、二〇〇九（平成二一）年六月三日、文官統制の根拠とされた防衛参事官制度の廃止（「防衛省設置法等の一部を改正する法律」法律第四四号）や、これまで法律上明記されてこなかった防衛大臣補佐官の新設などの改正が打ち出された。

以上の経緯を経た第三幕とも言えるのが、先述の防衛省設置法第一二条の改正案の提出ということになる。この結果、背広組と制服組のせめぎ合いは、最終的に制服組の権限強化を担保する法システムの立ち上げという結果に終わった。文民優越という文民統制の原則は反故にされ、文官・武官の事実上の対等化が図られたと総括することができよう。少なくとも最高指揮官→防衛大臣→背広組（防衛参事官）→制服組（統幕議長）というラインに修正が加えられたのである。

背広組は政策面から、制服組は軍事面から防衛大臣を補佐するという規定によって、両者の役割分担が明確になった、とする説明を多くの国民は受け入れたのであろうか。防衛参事官制度が廃止されて以後、この運用企画局によって辛くも背広組の統制を図ってきたのが、このラインも切断されることになったのである。

改憲案を作成する陸自幹部

政治制度の変更を求めた海自幹部の例だけでなく、陸自幹部が政治の世界に強く関わっていた事例もある。二〇〇四年一二月五日の報道だが、自民党が進める憲法改正の動きのなかで、草案の作成に陸自幹部が一役買っていたことが判明した。憲法改正を推し進める自民党の憲法改正起草委員会（座長は中谷元・当時は防衛庁長官）に幹部自衛官が憲法改正案を提出していたことが発覚したのである。

この幹部自衛官とは、陸上幕僚幹部防衛部防衛課防衛班に所属する二等陸佐で、陸自政府組の中枢部に所属する中堅幹部であった。同年七月下旬に提出されたとする文章は、安全保障問題関連の指針を示した「憲法改正案」（以下、「改正案」）と、具体的な条文規定を示した「憲法草案」（以下、「草案」）の二つの文書からなっていた。

この改正案では、集団的自衛権の行使が「必要不可欠」と断定されており、その一点だけを取って見ても、形式的レベルであれ、「専守防衛」の大前提を崩さなかった安全保障観を否定し、日米軍事共同体制を前提とする海外派兵の常態化を図ろうとする自衛隊幹部の強い意志が読み取れるものであった。

自衛隊制服組の全てではないにせよ、少なくとも自衛隊組織の中枢にいる制服組の中堅幹部がはっきりと改憲を主張し草案を作成したのである。そこに示された内容を紹介しておこう。

草案では、①侵略思想の否定、②集団的安全保障、③軍隊の設置・権限、④国防軍の指揮監督、⑤国家緊急事態、⑥司法権、⑦特別裁判所、⑧国民の国防義務の八項目について、それぞれ条文が付されていた。「国の防衛のために軍隊を設置する」と草案に明記したことにあらわれているように、正真正銘の軍隊と軍事機構を、国家機構の一部として〈新憲法〉に組み入れるために、極めて具体的な構想が明示された。

まず、①侵略思想の否定では、非侵略型の常備軍という性格規定をすることで、戦前の軍隊との断絶を強調している。草案で言う「国防軍」は②集団的安全保障の行使を前提とした海外展開を強く意識して編成される。さらに、③軍隊の配置・権限において、新軍隊の憲法上の規定を明示し、国家の機構の中軸としての役割期待を鮮明にしようとしている。それとの関連で、④国防軍の指揮監督については、これまで以上に制服組の直接指揮権限が強化される方向で検討されていた。そして「国防軍」が社会的な正当性や認知を獲得していくために、⑤国家緊急事態をより具体的に例示しておく必要性を確認しようとした。

ほかにも、⑥司法権、⑦特別裁判所、⑧国民の国防義務の三項目が、相互に連動する関係にあるものとして提起されている。それは、単に「国防軍」内部の規律維持と犯罪予防のための措置としてだけでなく、国防意識の必要性を認めず、「国防軍」への非協力的態度や反軍的言動を行う市民や労働者への恫喝としても、法的手段を用意することに主眼が置かれていると思われる。

大きな問題は、この現職の幹部自衛官が作成した改憲案が、二〇〇四年一一月一七日に公表された自民党憲法調査会(会長は保岡興治・元法相)憲法起草委員会の「憲法改正草案大綱(原案)」(以下、「原案」）にほとんどそのまま活かされていることである。公表された「原案」の一部を見ておくと、その第八章に「国家緊急事態及び自衛軍」とあり、草案にあった「国防軍」は「自衛軍」と改名されていた。ストレートに「国防軍」とする名称では国民の反発を招きかねない、という配慮が働いたと思われる。しかし、二〇一二年に発表された自民党の憲法草案において、再び「国防軍」の名称で登場してくるのは、この時点でも十分に予測されることであった。

現行憲法を正面から否定

原案で「自衛軍」は「個別的又は集団的自衛権を行使するための必要最小限度の戦力を保持する組織」と規定され、専守防衛を前提とする「自衛隊」の役割を事実上自己否定した。「自衛軍」の任務を国家の「緊急事態に対し、我が国を防衛すること」「治安緊急事態、災害緊急事態その他の公共の秩序の維持に当たること」「国際貢献のための活動（武力の行使を伴う活動を含む）」（傍点引用者）と規定され、一面では専守防衛という任務規定はなおも掲げつつ、本音として武力を含む国際貢献の実行部隊として「自衛軍」への新たな役割期待を表明していた。

これが、二〇〇四年一二月一〇日に政府が公表した新「防衛計画大綱」に盛られた内容と符合している点も看過できない。例えば、「原案」で言う「防衛緊急事態」は、「草案」の⑤国家緊急事態に関連する。「原案」で、国家緊急事態が発生した場合には首相が「基本的権利」を制限できるとし、一連の有事法制問題でも議論されてきた戒厳令の規定が盛り込まれた。

「草案」と「原案」との繋がりということで、さらに一、二の事例を挙げておきたい。⑧国民の国防義務に関連し、「原案」では第三章「基本的な権利・自由及び責務」の第三節「国民」の項において、「国防の責務及び徴兵制の禁止」が明記されている。周辺事態法から武力攻撃事態対処法、さらには国民保護法に至るまでの一連の有事法のなかに盛り込まれていた「有事」における「国民の協力」の内容が、ここでは「国防の責務」という形で一気にグレードアップされているのだ。そこでは国防意識や国防思想の普及が前提とされ、国防概念を再び市民社会に浸透させようとする魂胆すら透けて見える。

憲法改正起草委員会は、幹部自衛官が提出した改正案及び「草案」が、「原案」に「全く反映していない」と関連性を否定する。しかし、同委員会の中谷座長の要請で幹部自衛官が提出した経緯や、何よりも以上のような内容を吟味すれば、その関連性は否定しようがない。

交戦権及び戦力不保持を明記した現行の憲法第九条を真っ向から否定するこの改憲案は、これまでになく、明確な形で憲法第九条が否定される内容の改憲案であった。この改憲案が、幹部自衛官の手を借りて文章化されたということに着目せざるをえない。改憲構想の中心的部分である安全保障問題について、自衛隊が主導する構図が一気に浮上したのであった。

この二〇〇四年の改憲案「原案」は、国の内外からの激しい批判を浴び、同年一二月四日に自民党執行部は、その白紙撤回を決定した。だが、これによって自民党の改憲構想の大枠が全面的に崩されたわけではなかった。そしていま、新たな改憲案を掲げた安倍自民党による戦争国家体制づくりが、大きく進んでいるのである。

平和と民主主義を守るために

政軍関係とは、そもそも「政治」（政府・文民）と「軍事」（軍隊・軍人）との関係を、対立的かつ非妥協的な関係として捉えようとすることではない。政軍関係論自体、両者の協調性や相互補完関係の構築に最終的な目的が置かれたものであるといえるが、理由はそれだけではない。「政治」は、実に多様な制度や論理が複合して構成されたものであり、その「政治」に比較して圧倒的な団結力を特徴とする「軍事」にしても、それが置かれた歴史的条件や政治的条件、さらには経済的条件、あるいは国民の「軍事」への期待度などさまざまな要素によって、多様な構成体として存在しているからである。

別の角度から言えば、「軍事」部門を担当する軍事官僚（軍人）には、極めて政治的な行動規範に固執する者もいれば、政治自体にはほとんど関心を示さないか、政治には自己抑制的な姿勢で臨む者もいる。そのなかで、政治的軍人は軍内部で自らの地位や軍自体の政治的地位を高めるため、政治集団を組織し、その力によって政治を逆に統制し、場合によっては軍事と政治の一体化を図ろうとする。それが時として、国民の支持を獲得する場合もある。

したがって、政軍関係を単線的な対立関係で捉えるのではなく、政軍両者の独自で複雑多様な内部構造の重層的な絡み合いによって、一つの政治関係が形成される、と捉えるべきである。

そもそも軍事・軍隊は、言うまでもなく「国家防衛」（国防）という任務を与えられ、軍事の論理に則り厳しい規律によって内部統制された高度職能集団である。そして、民主主義国家では、法的な制約のなかで一定の政治的な役割期待を担う限り、その正統性を担保される。

その場合、以下の三つの職務を合法的に履行していることが要求される。すなわち、①国防の責任を果たすために必要な資源配分を要求すること、②政治指導者が対外政策を決定する際、その政策の軍事的インプリケーション（関係性）を明らかにし、所要の勧告を伝え、政治指導者の政策決定に資すること、③政治指導者の軍事行動を実行すること、である。

この三つの職務を合法的な枠内で実行している限り、政軍関係に特に問題は発生せず、両者は相互補完的な連携を保持していることになる。問題は軍の側がさまざまな利益集団や圧力集団と同様に、政治的行動によって自らの利益や地位を拡大するか、あるいは法的制約から逸脱してまで自らの地位強化に乗り出した場合に、軍に付与された役割構造が崩壊することになることである。

その場合、軍はその物理的手段に訴えながら政治に圧力をかけたり、さらには政治権力を掌握して国家を支配しようとするだろう。したがって、軍による政治への干渉や介入、最終的には政権奪取といった事態を事前に阻止するためにも、政軍関係の合理的な在り方をめぐる議論が、文字通り民主的に行われておく必要がある。その実行過程も、実は政軍関係論の重要なテーマとなってきた。

その意味では、文民優越の原則を踏まえて自衛隊を統制し、平和と民主主義が守られなければならない。憲法破壊の象徴事例である自衛隊の外征型正面装備の一層の強化や、日米軍事同盟の固定化、そしてその先にある自衛隊の「国防軍」化への道を構想する安倍政権の暴走を阻むことが、同時に平和と民主主義を実現する方途であることを、私たちは改めて肝に銘じる時であろう。

（『前衛』二〇一六年六月号収載に加筆。原題は「国防軍化めざす自衛隊の現段階」）

3 形骸化する文民統制のゆくえ——跋扈する軍事主義の言動

「シビリアン・コントロール」の導入

戦前期の日本では、大日本帝国憲法第一一条で天皇が統帥権（軍隊指揮権）保持者と規定され、陸・海軍（以下、軍）を指揮・監督し、その実際上の権限は天皇を補弼する武官（＝軍事官僚）に委ねられていた。従って、軍を指揮・監督する権限は帝国議会にも内閣にもなく、軍は議会統制も内閣統制も受けることはなかった。統帥部の長官である参謀総長（陸軍）と軍令部総長（海軍）は、議会や内閣に責任を負うことなく、陸・海軍の最高司令官である大元帥・天皇に「御下問」と「上奏」という形式で直接に意見具申する機会を与えられていた。これを帷幄《いあく》上奏制と言う。

一九一三（大正二）年六月一三日に公布された陸・海軍省官制改正で、西園寺公望政友会内閣は、現役軍人に限定されていた陸・海軍大臣の任用資格を緩和し、予備役までに拡げることに成功した。軍部大臣ポストに文官を登用する道を切り開いたのである。続いて、一九一八年九月二九日成立の原敬政友会内閣も、参謀本部や朝鮮総督武官制の廃止を企画した。これら一連の動きは大正デモクラシーという戦前期民主化運動の高まりを背景にしたものであり、政治による軍の統制の試みであった。今日の視点に立って言えば、文民統制あるいは文官統制を視野に据えたものであったのである。

戦前期日本における政治と軍事との関係（政軍関係）は、本来政治の枠組みに包摂されるはずの軍が、一個の独立した権力体として存在していた。軍は政治の統制を回避することが可能であり、逆に最終的に政治への介入さえ果たしていく。この意味で戦前期日本の政治と軍事の関係、いわゆる政軍関係は、厳密に言えば、政治と軍事との対等性、あるいは軍事優位の局面でみれば不平等性が顕在化していたのである。

そこから原敬内閣は、明治憲法で担保された軍事権力を極小化・最適化することを意図したが、いわゆる政党政治の時代の終焉以後、軍事権力の肥大化が進行し、政治権力による軍事権力の極小化の試みは失敗に帰したのである。そうした歴史事実を踏まえて、戦後の再軍備以降、軍事権力の肥大化を防ぎ、その極小化・最適化を念頭に据えて欧米で案出されたシビリアン・コントロールが、「文民統制」と翻訳され導入された。

ここでの問題は、シビリアンを「文民」と訳しつつも、その「文民」として防衛行政を担ったのは、通称防衛官僚と称される「文官」であったということである。そこから、戦後日本の文民統制とは、実際には「文官統制」であると指摘される。「文官」に対して自衛隊高級幹部を「武官」と呼称し、その対置概念として把握する場合もある。また、一般的に「文官」である防衛官僚を背広組、「武官」である自衛隊高級幹部を制服組と区分けすることもある。

本章で課題とするのは、この防衛官僚を単に「文官」として定義するだけではなく、それ以上に防衛行政を専門とするテクノクラート（thecnocrat）と規定することで、何ゆえに防衛官僚と括られるテクノクラートの一群に防衛行政及び自衛隊統制が委ねられることになったかを、歴史を遡及しながら論じてみたい。既に前章で触れた防衛省設置法第一二条改正問題について、安倍政権は、既存の文官統制から本来の文民統制に修正しただけであり、いわゆる広義のシビリアン・コントロールは健在であり、不変であるという説明をしているが、その過ちを指摘することにもなるだろう。

戦前テクノクラートの変節と復権

冒頭で触れたように、原敬内閣の行為は、第一次世界体制以後、世界の思想潮流として勃興したデモクラシー（democracy）を背景にしていたことは間違いないところである。原内閣は政友会内閣であり、選挙によって選出された政党人（選出勢力）等により構成された政治組織体であった。その意味において選挙で選出されない軍事官僚（非選出勢力）との間には、政治判断の基準や方向性において埋められない乖離が存在した。軍事官僚は、何よりも国家防衛に専念する高度職能集団であり、原則的には政治や歴史から超然とした位置に自らを置くことを原則とした。換言すれば政治性や歴史性に左右されることなく、その軍事の専門技術者として振る舞おうとしたのである。政治には本来的には素人であり、一般社会を「娑婆」と称したように、自らの位置を特殊化し、政治権力と一線を画すことによって自らを保守しようとした。その点から、高度専門職能集団としての性格を強調すれば、彼らをテクノクラートと規定することも可能である。

民衆との接点を極力回避することにより、天皇直属の軍事テクノクラートとして純化する行為が高級軍事官僚には強く求められたのである。しかし、大正デモクラシーの時代に入り、総力戦国家の構築が重要なミッションとなるに及び、民衆との接点を求め、さらには政治権力との協調・連携を進めるなかで、本来的意味でのテクノクラートの範疇からは逸脱していく。

一方、選出勢力である政党人は、投票行動をなす有権者（国民）の動向を常に意識しながら、政治判断をする民主主義者（デモクラット）として立ち振舞うことを必然とした。特に普通選挙法施行（一九二五年）以後、急速に有権者数が膨らむなかで、デモクラットとしての素養を発揮することなくして、政党政治家としてオーソライズされることはなかったのである。

スケッチ風に言うならば、軍事官僚は政党との競合と連携の過程で、テクノクラートとしての性格を喪失していったと言える。一方の政党政治家たちは、デモクラットとして振る舞いつつも、次第に軍との連携を深めていくなかで、デモクラシーの原理から逸脱していく。最終的には戦前においては、テクノクラートとデモクラット、テクノクラシーとデモクラシーは、相互に連携するなかで、ある意味合体していくのである。

もちろん、より純粋な意味でのテクノクラートは、例えば革新官僚（新官僚）と呼称された岸信介や椎名悦三郎らに代表される官僚たちを指す方が妥当であろう。留保はつくものの、軍事テクノクラートたちも含め、東京裁判で東条英機は絞首刑、岸はA級戦犯の判決を受け、巣鴨プリズンに三年余入獄する。しかし、日本敗北は彼らテクノクラートの敗北とは受け止められなかった。つまり、戦争責任者として極刑を受けたのは敗戦責任を問われたのであって、テクノクラシーへの志向性が間違っていたとは指摘されなかったのである。むしろ、テクノクラシーの原理原則への純粋な回帰が求められるなかで、戦後は一層テクノクラシーへの信仰に近い再定義が浮上する。

それで、戦後復興の貢献者として、テクノクラシーの実践者であるテクノクラートに過剰なまでの期待が寄せられることになったのである。そこではミリタリズムやミリタリストへの厳しい追及がなされる一方で、テクノクラシーやテクノクラートへの期待が赤裸々に述べられる状況が表れたのである。

以下、テクノクラートとデモクラットとの競合と連携を念頭に据えて追っていくが、筆者はテクノクラシー及びその実践者であるテクノクラートというカテゴライズとは別に、アドミニストクラシー（administcracy）という用語で、ビューロクラシー（buroeaucray）と区分して分析したことがある。

すなわち、アドミニストクラシーとは、文字通り政策立案から執行までを一元的かつ連続的に掌握する役割を担う制度の執行者である。その施行者をアドミニストクラート（administcrat）と呼ぶならば、テクノクラートが技術主義・客観主義に徹して、歴史性や政治性を排除したのに比べ、アドミニストクラートは、ある意味で歴史性や政治性をも配慮しつつ、行政運営を担う官僚と定義しておきたい。岸や椎名などは、テクノクラートから出発し、軍部や政党と連携するなかでアドミニストクラートとしての性格を表出させていった、と捉えることも可能である。

本章は、その差異について論じることを目的とはしていないが、ここでは防衛官僚をテクノクラートと規定しつつ、今後において防衛官僚を既存の概念としてのテクノクラートと定義づけるのか、ここで言うアドミニストクラートと定義づけるのかは、「文民」（シビリアン）の定義の問題と絡め、重要な課題であろう。ここでは日本型文民統制としての「文官統制」と言う場合、何ゆえ日本の場合はシビリアンを「文民」ではなく、「文官」を統制の主体として制度化したのか、その経緯と意義を確認することを主要な目的としている。

軍事官僚と防衛官僚

まずは簡単な歴史経緯から入ろう。

一九五〇年六月二五日、朝鮮戦争が起きると、アメリカの要請によって八月一〇日に警察予備隊が創設され、再軍備が開始される。それと前後して、戦前の教訓を踏まえて軍の政治介入を阻み、議会や内閣を中心に軍を統制するための制度や規則を導入した。そしてこれに加え、防衛行政官庁の内局による軍の統制を図る参事官制度を設置した。これらをまとめて文民統制と呼ぶ。それは軍を統制する原則や理念を表したものであり、同時に制度をも示す。こうして、軍に対する二重、三重の統制の網をかけることで、その独走を許さない体制を創りあげようとしたのである。

ここでは重要な問題が存在する。つまり、戦前の戦争指導部を構成した有力なテクノクラート集団を戦争責任者としていったんは公職から排除しながら、警察予備隊に始まる日本再軍備過程で再び公職の場に復帰させたことである。事実、内務官僚は内務省解体後も警察官僚として日本の警察行政を仕切ることとなり、警察予備隊の長官をはじめ、中枢を占めていく。

ちなみに、戦前期の内務官僚は全てではないにせよ、軍部と連携したファシズムの推進主体であり、政党制（デモクラシーの推進主体）と反発・対抗・連携という複雑な相互関係にあった。その内務官僚及びその系統に位置する官僚層が、保安隊を挟んで自衛隊が創設されるに及び、防衛官僚として一定の官僚核を形成した。防衛官僚には外務省や厚生省など他省庁からの出向組も少なくなかったものの、時代を経るなかで、次第に生え抜きの防衛官僚が多数を占めていった。

以上のように戦前期ファシズムを牽引した内務官僚出身の防衛官僚が文民統制の主体として転身を図ったが、そこでは戦前期における軍部と内務官僚との関係が特に問題にされることはなかった。文民統制の主体としての役割を獲得することによって、ファシズムの主体者であった歴史事実が隠蔽もされていったと言える。こうした背景には、戦前期の軍事官僚への強い拒否感や抵抗感が、日本の政治指導部や国民・世論に根強かったからでもある。その意味で防衛官僚は、戦前期の軍事官僚とも一線を画した存在として次第に認知されていった。

軍事官僚が名実ともに軍事の専門家（プロフェッショナル）であったのに対し、防衛官僚は職業軍人でも自衛官でもなく、行政の専門家で軍事の専門家ではないと認識されていたことになる。強度な軍事アレルギーが作用してか、敢えて軍事の非専門家集団と位置付けられ、防衛官僚として再軍備の企画立案を担当することになった。そこでは、本来の意味でテクノクラートとしての役割が純粋に期待もされた。つまり、軍事的視点のみからする防衛行政ではなく、国政全般を鳥瞰しながら、国際外交上の観点からする防衛行政への期待である。その背景には、国民・世論や政治家たちの間に軍事への強い拒否感・抵抗感が存在したことも背景となった。しかし、高度専門職能集団としての高級自衛官（武官）と、高度防衛行政担当集団としての防衛官僚（文官）との住み分けが、合理的かつ説得的に行われたわけではない。

実は、そこから両者の対立や軋轢が派生する。換言すれば、防衛行政に限っては、二つの種類のテクノクラートが、同時に対抗関係として存立することになったのである。つまり、軍事官僚の後退に比例して、防衛官僚が台頭し、戦後導入された文民統制の主体となったことである。ここでクリアにしておくべきことは、この両者の相違性であり、文官統制が日本型文民統制として、どのような理由で導入されたかということである。

文民と文官のあいだ

戦後日本の文民統制が文官統制と呼称されてきた理由は、防衛行政の事実上の担い手が防衛官僚（テクノクラート）であり、彼らが事実上自衛隊を統制する主体として認知されてきたからであった。では、その文官統制は実質的に機能してきたのかと言えば、評価は厳しい。

二〇〇九年に廃止されるまで、文官統制の具体的制度として、参事官制度が一応機能してきたことになっている。防衛官僚である参事官が武官（制服組）に優越する形式で配置され、制度上は文官による武官あるいは自衛隊への統制力が担保されてきた。自衛隊最高指揮官としての内閣総理大臣（首相）の下に首相を補佐する防衛大臣（文民）が位置し、これを防衛官僚（文官）である参事官がサポートしてきたわけである。防衛官僚は武官に優越し、武官は防衛官僚の下位に配置されてきた。このことによって文官が武官を統制し、武官が直接的にその長官である防衛大臣に意見具申する機会を排除することで、文官統制機能を発揮してきたことになっていた。

より具体的には、一九五四年六月九日の防衛庁設置法（法律第一六四号）のなかで、いわゆる「防衛参事官制度」の導入を図った。それは、「防衛庁設置法」第九条（参事官）の二項において、「参事官は、長官の命を受け、防衛庁の所掌事務に関する基本的方針の策定について長官を補佐する」と規定して八名の参事官を置くとしたものであった。

前章でも触れたが、ここで少し内容を整理しておくと、内部部局（以下、内局と略す）の各局長が参事官となり、一体となって「長官補佐」にあたるとしたうえで、その中軸的な役割を担った防衛局の所掌事務として、防衛省設置法の第一二条では、「一　防衛及び警備の基本及び調整に関すること。二　自衛隊の行動の基本に関すること。三　陸上自衛隊、海上自衛隊及び航空自衛隊の組織、定員、編成、装備及び配置の基本に関すること。四　前各号の事務に必要な資料及び情報の収集整理に関すること」の四点が挙げられていた。ここにおいて内局＝文官優位のシステムが改めて確定されたのである。

防衛参事官制度の組織としての特徴として、業務の遂行に直接関わるメンバーで階層化された命令系統を持つラインと、専門家の立場からラインの業務を補佐するスタッフとが混在していることがある。つまり、防衛参事官は本来スタッフであるが、同時に防衛局長はじめ各局長としてラインをも形成している。組織論からすると、ラインとスタッフが混在している格好だが、長官と各幕僚長との間に割って入る形をとることになる。防衛参事官制度が施行されて以降、制服組の背広組への反発は一段と深まることになったのである。

そこで、制服組の巻き返しが始まる。それが、防衛省設置法第一二条の改正であった。歴史の比喩を用いれば、制服組は戦後版〝帷幄上奏制〟を整え、いつでも最高指揮官である首相に物申す体制を用意しようとしているのである。ここに制服組（＝戦前で言う軍事官僚）と背広組（＝防衛官僚）との対立が本格的に浮上してくることになった。

なぜ防衛官僚が文民統制の主体なのか

防衛官僚（テクノクラート）が防衛行政の主導権を握り、またそれ故に軍事のプロフェッショナルとしての制服組の巻き返しが行われてきた。いわば文官と武官のせめぎ合いが発生していたのである。換言すれば、軍事テクノクラート（防衛官僚・文官）と、軍事プロフェッショナル（制服組・武官）の、またテクノクラシーとプロフェッショナリズムとの対立とでも指摘できようか。

こうした問題を考える上で、文民統制という場合の「文民」の定義がある。防衛官僚＝「文官」

は、「武官」ではなく、従って「文民」とされる前提がある。その前提があって初めて、文官である防衛官僚が文民に代わって文民統制の主体となってきたのである。

ならば、ここで言う「文官」と「文民」は同質でなければならない。換言すれば、文民統制＝シビリアン・コントロールという場合のシビリアン（Civilian）とはどのような、また、何を託された存在なのか、ということである。そもそもシビリアンとは、一体どのような語源と概念を含意しているのであろうか。

重要なポイントだが、シビリアンとは、単に非軍人あるいは非軍事的な地位にある者と概念規定するだけでは不充分である。そこには、民主主義の理念を念頭に据えた人物、という基本的な条件が満たされていなければならない。

シビリアン（＝非軍人）であっても、政治による統制に積極的に服従する軍人以上に、ミリタリズムの信奉者で露骨な軍事政策を強行しようとする政治家が存在してきた歴史事実に目を向けざるをえない。アメリカの政治学者ルイス・スミス（Louis Smith）の指摘するように、シビリアン・コントロールとは、「適切に表現すれば、それは『民主的な文民統制』というべきもの」でなければならないのだ（ルイス・スミス『軍事力と民主主義』法政大学出版局、一九五四年、参照）。

シビリアン・コントロールを直ちに文民（＝非軍人）による統制（＝文民統制）とする邦訳からは、そこに含意された歴史経緯や本来的な意味を把握することは困難でもあり、間違いでもある。スミスのように「民主的な統制」、あるいはより徹底した民主主義による軍事統制という意味を込めて、私は文民統制よりも「民主統制」の用語のほうが、シビリアン・コントロールの訳語としてよりふさわしいのではないかと考えている。

以上述べてきたように、文民統制の語源であるシビリアン・コントロールにしても、そもそも軍をコントロールする主体としてのシビリアンにしても、それが生み出されてから実に多様な解釈づけが行われてきた。そのことは、軍の統制が極めて困難な作業であることを示すものである。

しかし、そこに一貫しているのは、軍を統制することなくして健全な民主主義社会を築き上げることは不可能である、とする認識である。それこそが、文民統制（シビリアン・コントロール）の定着を求め、これを支持してきた人々に共通する理念であった。その意味でも、文民統制の形骸化は同時に民主主義の形骸化ということになる。

シビリアンとは誰のことか

民主主義の時代、政府にしても国民の存在を無視することはできない。軍隊も総力戦の時代には、大量動員の対象としての国民の支持や同意は不可欠の要素となった。今日、「国民」は「政府」を構成する直接的な主体として制度化されており、政治＝政府の概念には、ここでいう「国民」も包摂される存在と見なしておきたい。

従って、今日における政軍関係の実際的な意味での制度、あるいは論理としてのシビリアン・コントロールは、民主主義の主体としての「国民」と、その「国民」による支持・同意によって初めて正当化される「政府」とが、軍事＝軍隊を共同して統制下に置くという意味で解釈されているはずである。

確かに軍は、国家機構のなかで唯一絶対的かつ圧倒的な暴力行使という手段を独占する特異な存在である。その軍をシビリアン・コントロールという民主的方法によって統制を試みること自体間違っていないとしても、果たして軍に対する法的かつ制度的な拘束力によって成立する政軍関係が、どこまで合理的かつ有効であるのか、という点には疑問が生じる。

つまり、近代国家成立以前において分立していた諸勢力が自前の暴力装置を抱え、それが内戦・内乱を一層複雑かつ拡大する要因となったことから、近代国家さらには国民国家の成立以降において、国家が暴力を独占することにより安定と秩序を結果し、内戦・内乱を未然に防止する手立てが整えられたのである。

国家による暴力の独占という事態は、同時に暴力を独占する施行者に強大な権力をも付与することにもなった。そこから軍に対する監視と統制という制度や思想の構築が求められてくる。そのような歴史経緯を辿るならば、近代国家成立以降における政軍関係とは、近代国家の安定と秩序の形成に不可欠な暴力の国家管理の方法をめぐる課題としてあり、シビリアン・コントロールとは、暴力の管理を原則的にはシビリアンに委ねるという形式を踏むことで、とりあえず今日まで普遍的に合意された暴力管理の一手段に過ぎないと言える。

そこにおいて、国民ではなく、テクノクラートである防衛官僚が、いわば〝代替シビリアン〟として文民統制の主体となった。もちろん、〝代替シビリアン〟の是非が厳密に吟味されてこなかったのも確かである。ここで敢えて〝代替シビリアン〟を認めたとしても、そもそもシビリアンとは、一体どのような語源と概念とを含意したものなのか、という問題は残る。

シビリアン（civilian）は、ブルジョワ（bourgeois）と並んで、市民（citoyen）の原語とされる。これに関連して福田歓一は、bourgeois と citoyen がフランス革命による人民主権国家の実現を契機に明確に区別されることになったとしたうえで、「一七世紀まではcivil はギリシャ都市国家に由来するpolitique と大体同義語に使用されてきた。革命の落とし子であるフランス民法典 codecivil が、まさにこの新しい用法を確立し、それを politique の反対概念にしたのである。それが citoyen と civil とを決定的に引裂いた」とする（『福田歓一著作集　第二巻　近代政治原理成立史序説』岩波書店、一九九八年）。要するにシビリアンの用語には、近代市民主義から派生した民主主義の理念と目標とが含意されているということである。

また、シビリアンの用語の語源について、西岡朗の「古代ローマ時代に、市民階級を舞台にして独裁的権力を掌握したシーザーが、現代の理念からいえば民主的とはいえない政治を行い、これがシーザリズム（皇帝専制）から、プレートリアニズム（Praetorianism）、すなわち『親衛隊独裁』と呼ばれる軍事支配に堕落したという歴史的事実に到達する」との指摘（西岡朗『現代のシビリアン・コントロール』知識社、一九八八年）に従えば、シビリアンとは単に非軍人あるいは非軍事と概念規定するだけでは不充分となる。シビリアンであることは、民主主義の理念を念頭に据えた人物という基本的な条件が満たされなければならない。となると、日本の防衛官僚であるテクノクラートたちは、シビリアンとしての資質を果して担保しているのだろうか。

ミリタリズムとデモクラシー

結局、シビリアン、テクノクラート、ミリタリストの間に、どれだけの差異が認められるのだろうか。換言すれば、シビリアニズム（文民主義）、テクノクラシー（科学技術主義）、ミリタリズム（軍国主義）の明確な差異が希薄化する。このうち、ミリタリズム（軍国主義・軍事主義）とは、軍事に関わる諸問題や価値が政治・経済・教育・文化などの諸領域において強い影響力を持ち、政治行政レベルで軍事第一主義の思想が優先されるべきだとするイデオロギーである。

それは古代ローマ帝国、フランコ独裁時のスペイン、帝政期のドイツ、満州事変から敗戦に至る日本等の諸国において有力となり、ミリタリズムを基調とする体制にも結実する。ただ、ここで注意しておくべきは、ミリタリズムが強大な軍事力や軍事機構の存在自体を指すものではなく、そうした存在を背景としながら軍事的な価値観、さらには政策決定や国民意識において大きな比重を占めることを意味することである。

例えば、強大な軍事機構が存在しなくても、軍事主義的な発想や政策選択への衝動が絶えず志向され、評価されるような状況もミリタリズムと捉えられるべきであろう。それらの点から、ミリタリズムとは、政治制度や政治意識、それに政治思想などの諸分野で検証の対象とされるべき性質を持っている。

この場合、ミリタリズムがデモクラシーと全く相反する基本原理を持っていることを確認する必要がある。すなわち、デモクラシーが自由・自治・自立の原理を根底に据えているのに対して、ミリタリズムは、統制・管理・動員を絶えず目的として諸政治制度や政治思想を形成しようとする。そのような意味でミリタリズムは、デモクラシーの対抗概念として捉えるべきである。

しかし、そこで重要な問題は、ベルクハーン（Volker R. Berghahn）が指摘したように、ミリタリズムそのものの現象形態や機能を分析対象とするのではなく、ミリタリズムを発生させる社会秩序の構造分析に比重を置くことであろう（フォルカー・ベルクハーン『軍国主義と政軍関係』南窓社、一九九一年）。ミリタリズムは、近世イギリスのクロムウェル（Oliver Cromwell）が、一六五三年に共和国イギリスの国家元首（護民官）に就任し、軍事力を背景に議会権力を凌駕する権限を掌握した事例から、その議会権力を軍事権力で抑圧する体制（＝軍事支配体制）を示す用語として使われた。さらに、名誉革命（一六八八年）を境に議会主義が確立されていき、文民権力が圧倒的な政治力を獲得するなかで、近代イギリス国家が成立していったのである。その意味からすれば、近代イギリスでは、強大な軍事力によって支えられたミリタリズムの克服が、常に重大な政治的課題として存在したのである。

しかしながら、そこで使用されたミリタリズムの概念は必ずしも確定したものではなかった。一般化して要約すれば、文民あるいは市民が主体となるべき近代国家にあって、ミリタリズムとは、軍人が国家権力の中枢に座り、戦争政策の選択を優先し、軍隊を政治運営の物理的基盤として位置づけたりすることを意味していた。そうであれば、ミリタリズムが幅を利かせる政治状況を清算して、逆に市民（＝文民）が政治主体としての位置を獲得し、それによってデモクラシーが実現するとすれば、デモクラシーはミリタリズムを溶解する決め手であった、といえるのである。

文民ミリタリスト

その点で、ファークツ（Alfred Vagts）がその著作のなかで、ミリタリズムの対置概念として平和主義（Pacifism）ではなく、文民主義（Civilianism）と定義したことは極めて重大である。事実、ファークツは著作のなかで、「文民ミリタリズム」の存在を指摘し、その場合に「軍事的価値、軍事的気風、軍事的原理、軍事的態度、これらの無条件の信奉者」（アルフレート・ファークツ『ミリタリズムの歴史—文民と軍人』福村出版、一九九四年）としての文民ミリタリストが、文民政府、議会主義、政党制等への憎悪ないし否定のスタンスを採る点で、軍人ミリタリストと軌を一つにすると記している。

現在、集団的自衛権行使容認を含め、一連の安保関連法制を強行した文民政治家たちが、場合によっては制服組以上に軍事主義に傾斜していく傾向が顕著であることと重ね合わせて考えると、これらの指摘の意味するところは重要である。

政軍関係論とミリタリズムの関係について触れておくならば、デモクラシーの発展の阻害要因の対象とされていたミリタリズムの展開を念頭に据えながらも、そのミリタリズムを全否定するのではなく、それとの協調関係を構築する論理として政軍関係論が登場してきた経緯を踏まえる必要がある。

ハンチントンは『軍人と国家』のなかで、文民が軍事を統制する方法について、軍人の専門職業性に着目し、その社会的かつ政治的な存在として自律性を重んずることを基本的前提とすべきことを説いている。ハンチントンによれば、軍人および軍人から構成される軍隊・軍事機構は、固有の政治的かつ社会的存在として一定の社会的政治的役割を担い、社会や政治との合理的かつ有機的な関係を形成することで共存関係の構築に向かうことが合理的だとする認識を展開している。

そこでハンチントンは、こうした文民と軍人とのあり方を「客体的文民統制」（objective civilian control）と称し、従来のように軍事領域の自律性を認めず、軍事は本来的に文民の統制に無条件に服従させることを前提とするものを「主体的文民統制」（subjective civilian control）として区別した（サミュエル・ハンチントン『軍人と国家』原書房、二〇〇八年）。ここでは、ミリタリズムの歴史展開を踏まえつつ、これをただちに全否定する論理で押し通していくのではなく、一定の譲歩を示すことによって、ミリタリズムに内在する危険性を溶解しつつ、これと共存する方途を探る理論として、政軍関係論は提起されたのである。

リベラリズムとミリタリズム

最後に、近代国家の成立の発展過程で登場してきたリベラリズム（自由主義）と、ミリタリズム（軍国主義）との対立の問題から見た政軍関係論の位置を大まかにでも捉えておきたい。

一八世紀後半に産業革命を成し遂げたイギリスでは、一八三〇年代のチャーチスト運動を通して市民の政治参加が実現し、同時に議会制や政党制が従来に増して政治的比重を大きくしてくる。

これら立憲主義に支えられた議会制や政党制はリベラリズムを基底に据えつつ、かつて国王が保持していた大権（prerogatives）の対抗原理としてリベラリズムが形成された経緯から、それは当然ながら国王の権力の源泉でもあった常備軍の統制への関心を強く意識させるものとなった。そこから形成された方法が議会（Parliament）や内閣（Cabinet）による軍隊統制であった。

しかしながら、リベラリズムは特にイギリスにおいては王権からの自由を確保することで自らの特権や利益を確保しようとした貴族階級やブルジョアジーの論理として生まれた。しかし、フランス革命を起点として発展したデモクラシーによって、貴族階級やブルジョアジーだけでなく、多くの民衆の政治参加の意志が制度化される過程で、選挙によって選出された民主的政府が軍を統制することを前提とするシビリアン・コントロールの論理が提起されるようになる。

つまり、そこでは市民（civilian）によって選出された政治家によって構成される政府や議会が、市民の合意を背景として軍隊の統制を合法的に行うという形式を採用・制度化していったのである。それこそがシビリアン・コントロールの基本原理であり、市民の合意を得ないで行われる政治家や一部特権階級による軍隊統制である政治統制（political control）と区別される。

こうした意味では、リベラリズムとデモクラシーが結合したリベラル・デモクラシーの思想こそ、今日で言うシビリアン・コントロールの本質といえる。ただし、リベラル・デモクラシーの思想を基調としつつも、現代のシビリアン・コントロールは、欧米の間でも一定の相違が存在することも確かである。イギリスの場合には、名誉革命（一六八八年）を境に議会主権（Parliamentary Supremacy）が確立され、圧倒的な権限を保持する議会と、その議会内組織と指摘される内閣による軍の統制は絶対的であった。

なぜなら、イギリスでは王権への対抗原理から形成された議院内閣制において、立法部と行政部とは一体化しており、この両者が一丸となって軍の統制を徹底しているからである。第二次世界大戦の際、チャーチルが戦時内閣（War Cabinet）によって強力な戦争指導を遂行できた背景には、このようなイギリス固有の歴史があったのである。

一方、アメリカやフランスのように共和政体として大統領制を採用しつつも、行政・立法・司法の三権分立制が敷かれた国家にあっては、最高司令官としての大統領への権限偏重の可能性を警戒して、議会による大統領権限への抑制と監視を徹底するところとなり、ここから大統領（政府・内閣）と議会との軍統制をめぐる鋭い駆け引きが対立に発展する余地が出てくる。つまり、イギリスでは行政部と立法部が事実上融合状態に置かれているのに対して、アメリカではそれが対立あるいは拮抗している状態にある。

その点で、シビリアン・コントロールの徹底ということでは、アメリカやフランスの大統領制のほうが、ある種の制約条件となる。そこでは軍に対し、行政部と立法部が相対的なフリーハンドを確保することにもなる。それだけに軍部が、国家機構の一翼として主要な地位を獲得することにも繋がっていく。

例えば、アルジェリア独立戦争や第一次インドシナ戦争時のフランス軍部、朝鮮戦争あるいはベトナム戦争時のアメリカ軍部などは、その行動原理の根底にある脱シビリアン・コントロールへの執念が、不必要な戦闘の拡大と長期化の一因ともなったのである。その背景には、両国におけるシビリアン・コントロールの徹底化の困難性が浮き彫りにされているとの見方もできよう。

以上の観点から、あらためてテクノクラートとしての防衛官僚の位置と役割を整理すれば、それが厳密な意味での文民としての資質と理念を持ち合わせているのか、どうしても疑問が残る。原理に拘るならば、文民統制の主体は文字通り市民としての自覚と意思を持った文民が担うべきである。しかし、残念ながら戦後日本はデモクラットと認定されるような文字通りの「文民政治家」を充分に育んで来なかったがゆえに、〝代替シビリアン〟としての防衛官僚に依存して、彼らのテクノクラートとしての知識や技術に下駄を預ける格好にならざるをえなかったのである。

問題は、彼らテクノクラートが市民によって十分にサポートされてこなかったことにもある。市民はテクノクラートの位置と役割を充分に認識していなかったことから、制服組のテクノクラートに対する反抗の重大性に自覚的でなかったのである。

一連の安保関連法をめぐる議論に隠れてしまった感もあるが、防衛省設置法第一二条改正によるテクノクラートの後退の意味を正確に認識し得ない戦後日本のデモクラシーや、シビリアニズムの底の浅さが、そこには露呈されているとみるべきであろう。

（『現代思想』第四三巻一二号、二〇一五年八月号収載。原題は、「文民統制の成立過程における防衛官僚の役割」）

第Ⅲ部

安倍政権論と改憲問題

1　改憲から〝壊憲〟へ――安倍政権の危険な位置

安倍政権再登場の影で

二〇〇七年九月一〇日、安倍首相は第一六八回国会での所信表明演説を行ったにもかかわらず、代表質問が始まる予定だった九月一二日に緊急記者会見を開き、首相の職を辞するとの発表を行った。こうして第一次安倍内閣（二〇〇六年九月二六日～二〇〇七年八月二七日）は、突然の退陣表明であえなく瓦解した。以来、安倍氏は政治生命自体まで失いかねない事態を招きながらも、二〇一二年一二月、再び首相の座に返り咲いた。第二次安倍内閣の再登場は、大方の人には予期しない出来事であった。

アベノミクスなどと称され、「異次元」とされる経済政策断行の〝成果〟と喧伝しているようだが、急激な円安で巨大な利益を上げているのは、トヨタ自動車など輸出主導型の企業だけ。それに株価のつり上げで利益を上げている機関投資家や一部の大口個人投資家たち。私に言わせれば、日本の経済は依然として体力不足。その体に無理やりカンフル注射を打って、一時的に元気になったような気分にはなっても、本来の基礎体力がついていない。それで、いつ経済破綻がやってくるか、不安だらけの状態だ。

アベノミクスは、真っ当な経済政策とはいえず、いうならば人気獲得策として打ち出されただけの、極めてバランス感覚を欠いた乱暴な経済政策である。その綻びはもう随所に出ている。いま、巷ではアベノミクスを批判して、〝アベコベノミクス〟なる用語が流行り出しているとのこと。つまり、安倍政権の経済政策は、本末転倒の政策という意味だ。

非常に危ない状況が先行き待っていると考えると、怖い限りである。実質的にも生活実感としても、実体としても豊かさ不在の政治の季節がやってきたのではないか。安倍内閣支持率の高さは、ある意味では実体を伴わない幻想度のようなもの。私は、その高さは危うさを示しているようにも感じている。支持率が高くなればなるほど、危うさも深まる、という意味である。

参議院補欠選挙に絡めて

ところで二〇一三年四月二八日、私の住む山口県では参議院補欠選挙が実施された。結果は選挙前に予測されていた通り、下関市長を長らく務めた江島潔氏が、対抗馬と目された民主党政権で法務大臣を務めた弁護士出身の平岡秀夫氏に、約二倍の得票数差をつけて勝利を収めた。

安倍首相の御膝元での、政権成立以後初めての国政選挙であり、夏の参院選の前哨戦ということで、安倍首相周辺の力の入れようは尋常のものではなかった。できれば平岡氏の得票数の三倍以上を取る、というのが江島選対の目標だとされていた。しかし、確かに圧勝に違いなかったが、得票数は二四万票余り。国政選挙とは言いながら、有権者の三八％しか投票行動を起こさなかった点が、別の意味で注目もされた。

つまり、山口県出身の安倍首相や高村副総裁をはじめ、安倍内閣と自民党幹部の多くを動員しての派手な選挙戦を実施したのにも拘わらず、江島氏の得票数も投票率も予想を下回る数字であったのである。このことは、何を示しているのだろうか。第一に有権者の目線がどこにあるのか、という問題である。結論を急ぐわけではないが、江島氏に投票した人は保守王国山口県の固定票であって、六〇％前後を占める浮動票の掘り起こしができなかったということだ。

私は、地元放送局のインタビューで、そのことに言及した。山口県の有権者は、意外と冷静な目線で安倍政権を観ている人が多いということ、それは安倍首相の政治手法への疑問や懸念の心情を秘めた人が多いのではないか、ということである。

併せて指摘しておきたいことは、江島氏に投票した人は、単純計算では全有権者の二〇％にも満たないという事実だ。

もちろん、例え少ない投票数、投票率でもトップに立った人が当選するわけであり、その限りでは、制度上江島氏の勝利には違いなかった。しかし、これらの数字が浮き彫りになった点は見逃してはならない。

非常に憂えるべきは、僅か二〇％の得票を得て参議院議員に就くという事実だ。つまりは、選挙制度の限界性の問題である。もっと言えば、二〇一二年一二月の総選挙でも思い知らされたように、得票数や得票率と、その結果としての議席数とが乖離しているという問題である。これは制度的な罠といえる。まさに、ここには権力者たちの罠が仕掛けられているのである。

得票数が議席数に正確に反映されていない。少ない投票数で多くの議席数を確保可能な小選挙区制度の弊害や矛盾は、これまで繰り返し指摘されてきたが、実は小選挙区制度に限らず、こうした問題は、参議院選挙の場合にも起きている。

そこで確認しておきたいことは、民意が必ずしも政治の場に活かされない構造が出来上がってしまっているという現実だ。山口県の参議院補欠選挙の結果を見ていると、そのことを強く感じる。その意味では、私は民主主義の原理が基本的には守られていないのではないか、と思っている。

要するに民主主義とは、多数派によって物事が決定されるのが前提としてあるものの、現在の政治は現行の矛盾に満ちた制度に助けられ、少数者が議席数を増やしている格好になっているのではないか。多数決原理が反故にされ、少数決が現在の民主主義の基本になってしまっている。有権者不在、国民不在の少数者の政治が、大手を振って、好き勝手なことを強行している、と捉えることができるのではないか。

この国はいつの間にか、少数決の民主主義になっている。もちろん、今回の補欠選挙で投票行動を起こさなかった六〇％余の中には、支持政党がない、自分の好きな政策を言ってくれない、よく分からない、などの理由を述べる人たちもいる。政治に関心がないのではなくて、関心を抱かせ、期待のできる政治が不在なために、敢えて棄権してしまう人たちも少なくないように思う。

民主主義的専制国家の実態

今この国は、敢えて言えば民主主義的な専制主義、つまり、民主主義の格好はしているけども中身あるいは実態は、少数者による政治が行われる〈民主主義的専制国家〉なのかもしれない。

こうした物言いに対しては、専制国家というのはヒトラーやスターリンが行ったファシズムや全体主義、もっと辿れば、国王が君臨した時代のことを言うのではないか、といった反論も出よう。

私は、現在の民主主義を信頼していない。すでに述べたように、世論や有権者の判断とは別に、国会の場で多くの議席を持つ多数与党によって、物事が決定されていく原則が貫徹されているからだ。彼らは確かに、国会の場で圧倒的な議席を有する政党議員かもしれないが、有権者全体から見れば極少数の権力を握る人たちによって、全てが律せられる状態が固定してしまっている。極少数の政治家、あるいは首相官邸に集う一部の権力者たちによって日本の政治が左右されてしまう、そういう時代に近付きつつあるのではないか。

多数決原理が貫徹されていない民主主義国家とは、一体何かということになる。結局は戦前の日本とよく似た政治体制を敷くような国家と変わらないのではないのか。

戦前の日本は立憲君主主義、つまり憲法を基盤として成立した国家という形式を整えながらも、国家が危機に直面するような場合には、立憲主義が封印されて君主主義、すなわち君主専制の政治が強行された歴史を刻んできた。憲法を媒介とする法治国家の側面を持ちながら、他方では君主による独裁国家の側面を合わせ持った、言うならば二つの顔を持った極めて変則的かつ危険性を孕んだ国家であった。

いわば疑似立憲主義を根底から改編し、正真正銘の立憲主義を基本とする国家、言い換えれば憲法の下では全ての人々が平等であることを示した憲法を、日本は戦後初めて手にしたのである。

戦後、君主専制を廃棄し、君主（＝天皇）を元首から国民統合の象徴と転換することで、いかなる場合でも専制国家に変容する可能性を削いだ。それが主権在民という言葉で明確にもされた。この国民主権主義は、基本的人権や平和主義と並ぶ、日本国憲法の三大主義であり、政府や国会の多数政党であれ、曲げてはならない価値である。その価値を踏まえて行われる政治を立憲政治、その考え方を立憲主義と定義してきた。その立憲主義を、安倍自公政権は全否定するに等しい暴挙に及んだのであった。

それが、集団的自衛権の行使容認から安保関連法の強行採決に示された反立憲主義の一連の動きである。その立憲主義にもとる行為は、日本国憲法の「第一章　天皇」の作為的な読み替えに、遺憾なく発揮されている。例えば、憲法上、内閣の助言と承認を得て行なう国事行為以外に、天皇は政治的な行為をおこなうことはできない、という厳しい規制がある。それにも拘わらず、「四月二八日」を「主権回復の日」として祝う記念式典に敢えて天皇を出席させて、連合国による占領から解放され、主権を取り戻したと寿ぐ儀式を挙行した。

二〇一三年のこの日、政府主導による「主権回復・国際社会復帰を記念する式典」が憲政記念館で行われ、そこに天皇と皇后、それに首相・最高裁判所長官・衆参両議院議長の三権の長が登壇した。言うまでもなく、「四月二八日」は、沖縄の米軍占領が合法化された「屈辱の日」である。仲井真弘多沖縄県知事（当時）も県民感情を考慮して出席せず（副知事が代理出席）、沖縄県宜野湾市では、沖縄平和運動センター主催による約一万人の抗議集会が行われた。

沖縄を米軍政統治下に据え置いたまま、サンフランシスコ条約で日本が主権を取り戻したとする認識には、沖縄の存在が完全に抜け落ちていた。この、極めて政治色の強い儀式に天皇を出席させたのは、明らかに天皇の政治利用だった。安倍政権の沖縄への目線が、一体どこにあるのか疑わざるをえない。このような儀式に天皇を引っ張りだすことで、儀式を正当化しようとする判断や認識自体、極めて大きな問題を含む。ここにも、安倍首相の沖縄観や天皇観が、よく示されている。こういった政治行為の正当化は、おおよそ民主政治とは縁遠いものである。

安倍首相の政治手法について

第一次安倍内閣は僅か一年しか持たなかった短命内閣ではあったが、その期間内に安倍首相は、極めて大胆に国家改造の手を打っていた。すなわち、「憲法改正手続き法」（国民投票法）の強行採決（二〇〇七年五月）、「教育基本法改正」（二〇〇六年一二月二〇日）と「防衛省移行法」（二〇〇七年一月九日）の成立などである。

第一次安倍内閣下で憲法改正の道標を立て、愛国イデオロギーの教育現場への持ち込みを法的に確保し、内閣府の下にあった防衛庁を防衛省に昇格させることで単独予算請求の権限を付与し、日本の防衛機構（＝軍事機構）の強大化策を採ったのだ。これらの諸政策は、明らかに連動している。憲法改正によっていわゆる「自主憲法」を制定し、「国防軍」を支持する国民を創出するために、教育現場で愛国イデオロギーを再生産する。状況によっては外征型の軍隊に全面的に改編するために、現行募集制度の志願制から強制募集制度としての徴兵制への転換さえ念頭に据えているのかもしれない。そうなれば教育現場はもとより、地域社会や家庭内教育などの場で、愛国イデオロギー、あるいは国防イデオロギーの流布と浸透がますます不可欠のものとなる。これまでの一連の動きから勘案して、そう解釈するほうが妥当であろう。第一次安倍内閣で自らの国家構想の支柱となるべき分野の法整備に着手しておいて、しばらくの時を経て安倍が再登場した背景には、こうした国家構想への賛同者が、自民党国会議員の多数を占めていることがある。二〇一二年一二月の自民党総裁選による逆転劇は、起こるべくして起こった、と言えないか。

第一次安倍内閣が実現したもの

第一次安倍政権において、いかにも安倍首相の政治家としての姿勢を示していたと思われるものが、

「教育基本法改正」だった。日本を愛する子どもたちを育てるのだと繰り返すが、そもそも日本を愛するということを、国家が、ある種の法的拘束力を持って、あたかも公共的な価値のごとく上から目線で強制することで、本来の愛国心が生まれるはずはない。この愛国主義（patriotism）との比較において、郷党主義（parochialism）という用語がある。自らが生まれ、育ち、大切な家族を持つ空間は、自然に故郷を愛する感情で満たされる。ところが権力者たちは、権力の源泉が国民に存在することを知りながら、国家を権力行使の装置として恣意的に利用している。その行為を正当化する手段として、愛国主義が喧伝されるのである。これも巧妙なレトリックを用いた権力者たちの罠である。

愛すべき国であるならば、強制されずとも自然とそういう観念が生まれるはずだ。愛国主義は決して上から強制するものであってはならない。権力によって国を強制的に愛せよというのは、戦前を思い出すまでもなく、本当に大切なものを考えるゆとりを人々に与えようとしない。公共という名によって権力によって作られた秩序、その中にすべての人々を動員し、そこから少しでもはみ出そうとする人を、さまざまな罵言を浴びせて排除する。そして、その秩序に忠実に従うものだけを「日本国民」にふさわしいと認定していく。そのような発想が改正された教育基本法には色濃く反映されている。

「防衛省移行法」についても、安倍首相は以前から防衛省への昇格に熱心な政治家であった。なぜ、昇格を果たそうとしたのか。一口に言えば、自衛隊を自衛軍、さらには国防軍に改編することが意図されていることは明らかだ。国防軍とするためには、防衛庁という内閣府の下部官庁ではなくて、独自の予算請求権を持つ省に格上げしないと、うまくことが運ばないからだ。

例えば、現在防衛省は約五兆円余の防衛予算を計上している。会計法により単年度決算方式で処理しなければならないが、自衛隊は事実上複数年度会計方式を採っている。五年間を単位として、大体のところ五年間で二五兆円規模の予算を組んでいることになる。そのような予算執行の方法について、ある種の聖域となっているのが防衛予算だ。そうした予算の使い方に関しても、内閣府から離れて独立した省となることで、大きな力を発揮することができる。

アメリカへの軍事一体化路線のもとで、そうした役割期待を担って日本の防衛機構（軍事機構）は組織も予算も、拡大強化される一方である。そうした背景をより具体化したものが、二〇〇七年一月の防衛省への昇格であった。これを安倍首相は、第一次内閣時に満を持して実行したのだ。

歴史事実に向き合おうとしない安倍

安倍政権を再登場させることになった、安倍首相とその周辺の一群の政治家・財界人たちの政治認識の問題について触れたい。

自民党及び自民党を支える日本の保守層の全体、及び財界の多くが、安倍首相によって憲法を変えたい、自衛隊を国防軍にしたいと考えている。そして、中国や北朝鮮にも強面に向き合いたいと。

歴代の自民党政権すら、慎重にことを構えていた課題だ。それを実現するためには、根っからのナショナリストで国粋主義者の安倍の出現は願ってもないことだったのだ。日本の保守権力層には、あくまで国際社会にあって欧米との協調を基調としつつ、特にアメリカとの一蓮托生的な関係を堅持することこそ重要だとする政治認識がある。しかし、ここに来てそうした認識に飽き足らない集団が、勢力を張るようになってきている。最近注目される日本会議に所属する国会議員や、地方議員の存在である。安倍晋三はその象徴的存在ということになろう。

彼らに共有しているのは、日本の「自立」である。当分はアメリカとの関係を最重要課題としつつも、同時にいつかはアメリカとも文字通り対等な関係を築き、自立した国家として国際社会で一層発言力を持ちたいと考えている。そして、アジアにおいて、現在失われつつある政治的かつ経済的な影響力を確保したい、との思いを抱いている。

安倍首相は、小泉純一郎内閣の折に若くして内閣官房副長官に抜擢され、例えば拉致問題をめぐる朝鮮民主主義人民共和国（以下、北朝鮮と略す）への強硬発言で注目を集めた。これまでになく強面な発言が共感を獲得することになったのだ。北朝鮮に対する強硬姿勢、これが非常に国民受けしてしまう。そのことに対して、一方では安倍晋三という人は使える、あるいは使いたいという欲求が保守権力層のなかに広まっていった。

不信をかう行為の向こうに

二〇一三年四月二三日、靖国神社の春季例大祭に衆参合計一六八名の議員団が集団参拝を行った。

この年の一二月二六日には、安倍首相自身が靖国神社を参拝した。首相・閣僚などの靖国神社参拝に対して、かつて被侵略国や被植民地国となったアジア近隣諸国からの猛烈な抗議が繰り返されているのは、参拝行為自体が侵略の歴史事実を否定するに等しい行為と映っているからだ。靖国神社が戦前においては帝国陸海軍が管理する神社であり、動員されて生命を失った日本軍兵士を合祀し、神にすることによって、戦争を美化し聖戦と位置づけた。

そうした役割を担ってきた靖国神社は、それゆえ、戦後になって国家の管理から離れ、現在は東京都の管理下にある一宗教法人である。それでも、戦後長らく靖国神社を再び国家管理下に置くべきだとする勢力が、保守権力層を中心に存在した。とりわけ自衛隊の海外派兵が恒常化していく流れのなかで、自衛官から犠牲者が出ることも否定できない現状において、戦死者を国家的に慰霊する施設として、靖国神社が浮上する可能性がある。

そのような靖国神社への政治家たちの関わり方に、再び日本が聖戦の名のもとで侵略戦争を始めるのではないか、という危惧が、アジアの人びとに払拭されないでいる。それを過剰な反応と一蹴することができるのだろうか。被害の感情を加害の行為者は忘却しやすく、すすんで忘却しようとする傾向が強いことも確かである。

安倍首相は、二〇一三年四月二四日の参院予算委員会で、中国や韓国が閣僚の靖国神社参拝に反発していることに、「国のために命を落とした英霊に尊崇の念を表するのは当り前であり、我が閣僚はどんな脅かしにも屈しない、その自由は確保している」（傍点筆者）と強弁を繰り返した。

そのような近隣諸国の抗議を安倍首相は「脅かし」と受け止め、それに「屈しない」という言葉で反応する。一体、何ゆえにそのような言葉が飛び出すのか。抗議の真意を理解できないのか、あるいは歴史認識を深めようとしない頑なな姿勢からか。

そこには、政治力ばかりか経済力と軍事力を強めてきた最近の中国、その中国への日本人の多くに潜在する嫉妬心が複雑に入り混じった反発が根底にあるだろう。中国や韓国からの厳しい視線に、この国の保守系政治家たちは、いよいよもって虚勢を張ることによってしか向き合おうとしない。

残念ながら安倍首相には明確な歴史認識を語る意欲も関心も希薄なのではないか、と思えてならない。虚勢を張った結果、隣国を侵し、傷つけ、私たちの家族や知人たちをも加害者に追いやってしまった歴史を有するこの国にあって、虚勢を張ることの虚しさと愚かしさを、あらためて肝に銘ずるべきであろう。

批判はアジアからだけではない

日本の政治家や政府の歴史認識に対して不信を抱いているのは、何もアジア近隣諸国だけではない。少々古い事例だが、一九七一年九月二七日から一〇月一七日に帰国するまで、昭和天皇と皇后は欧州七か国を訪問した。その折に、イギリスとオランダでは天皇訪問への抗議行動が起きた。タイとビルマを結ぶ泰緬鉄道建設で、捕虜を労役に就かせてはならないという国際条約を無視して、日本軍の捕虜となったイギリス兵が危険な鉄道建設に駆り出され、多くの犠牲者を出した苦い歴史がある。戦後の日本が、その補償も充分にせず、その行為への真摯な反省も正式には行っていないことへの苛立ちが、イギリス人のなかにあったのである。

ルイス・マウントバッテン卿（Louis Mountbatten 一九〇〇～一九七九年）という、かつて海軍元帥として東南アジア地域連合軍総司令官を務め、戦後はイギリス領のインド総督を歴任した著名な人物がいるが、日本の戦争責任を亡くなるまで強調し続けた人だった。そのマウントバッテン卿は、昭和天皇を主賓とする晩餐会に「昭和天皇と同席するのは嫌だ」と言って、エリザベス二世の繰り返しの出席要請も断った。イギリス国民は卿の態度を支持し、大きな反響を呼び起こした。

オランダも、かつての植民地であったインドネシアが日本軍に占領され、海軍による軍政が敷かれるなかで、多数のオランダ兵が犠牲となり、またオランダ人女性が「従軍慰安婦」にさせられた。戦後日本がそのことに無関心を装い続けたことに、深刻な不満を抱き続けていたのだ。日本が行った蛮行の最高責任者が昭和天皇であり、その天皇が友好親善のために訪問したことに、どうしても合点がいくはずがない。日本政府への非難活動として、オランダでも昭和天皇への抗議デモが発生した。

これら両国で起きた天皇への抗議行動について、日本のメディアは正確には報道しなかった。日本の皇室への侮辱的な行為への反発というのも当然にあっただろうが、何よりも、なぜ日本の皇室と関係が深い王室を持つイギリスやオランダの国民が昭和天皇に抗議するのか、説明ができなかったのではないか。

歴史認識問題と憲法改悪の絡み

日本国憲法は、実に様々な思惑を込めて制定されたといえる。一九四五年八月一五日に日本が敗戦して以来、ダグラス・マッカーサーを最高司令官とする連合国軍最高総司令部（ＧＨＱ）は、大日本帝国憲法（一八八九年二月一一日制定）に変えて、新しい憲法制定に乗り出す。

憲法制定の最大の争点は、日本の非軍国主義化、言い換えれば民主化だった。日本国家の主権を天皇ではなく、国民に置き換える主権在民の原則を徹底することが求められた。イギリスや中国を筆頭に連合国諸国の強い要求として、天皇制の解体も叫ばれた。アメリカ国内でもその意向は強かったが、戦後のアジアの主導権をめぐる思惑から、アメリカは単独で日本を統治するために天皇制の利用を目論んだ。

そこでアメリカは、天皇制を元首の位置から日本国民統合の象徴とすることで、とりわけ近代日本国家において天皇が果してきた政治軍事上の役割を根本から見直すことにした。そして、憲法第九条で戦争放棄と戦力不保持を明記したのである。

その意味で、日本国憲法の「第一章 天皇」と「第二章 戦争放棄」とは、表裏一体の関係にある。つまり、現行の天皇制は、第九条によって初めてその存続が担保されていると解釈することができよう。

改憲論者は、そのような制定経緯を知ってか知らずか、現行憲法はＧＨＱの「押し付け憲法」といって批判する。しかし、「押し付け憲法」によって、彼らの精神的支柱である「天皇制」が護持されているという矛盾を、彼らはどのように説明するのだろうか。

別の角度から言うと、現行憲法を変えるという方向性は、現行の「天皇制」を事実上否定するものであるという論理も成立する。

二〇一二年に発表された自民党の改正草案では、「元首制」への復活が謳われている。その限りで、憲法改正論者は、この捻れた関係を是正することに、大きな目標を据えているとも捉えることができる。ここに、憲法改正論の最終的な狙いがどこにあるのかが、透けて見えるように思われる。すなわち、「押し付け憲法論」を振りかざして、戦前の憲法のように天皇を元首として位置づけ、近代日本の天皇が果してきた役割を肯定し、戦前のように武力を前面に押し立てて、国防の名による軍国日本の再生を意図しているのではないか、と疑ってしまうのである。先の戦争を侵略戦争と認識する現行憲法を否定し、さらには聖戦論へと歴史認識を固めていきたい、とさえ考えているのではないだろうか。そうした一定の文脈のなかで、憲法改正が意図されているのだ。

戦争に明け暮れた近代日本を肯定するのか

それでは憲法改正論者が言う近代日本とは、どのような時代だったのか。少し明治国家成立（一八六八年）以降の年表を繰ってみよう。ここでは次の数字に注目してほしい。「一八七四」、

「一八九四」、「一九〇四」、「一九一四」の四つだ。

一八七四年は明治国家が行った最初の侵略戦争とも言える台湾出兵が行われた年。西郷隆盛の弟で陸軍中将であった西郷従道《つぐみち》が蕃地事務都督として、約三五〇〇名の兵を率いて台湾南部の牡丹社郷に侵攻し、原住民であるパイワン族（排湾族）を多く殺戮した。

私は国際学会で同地に二〇〇四年と二〇〇七年と二度訪問した。いまだに地元の人たちは、日本の侵略戦争の歴史事実を強く記憶に留め、歴史事実の学習が続けられている。しかし、日本政府を含め、その歴史事実については日本人で知る人は決して多くないのが現実だ。そのことを知っているがゆえに、パイワン族の人たちは、歴史事実を忘却してしまう日本政府や日本人に不信の念を抱き続けている。二度の学会で私は、日本の側から見た台湾出兵を分析する報告をした。そこで私は、パイワン族の人たちが、依然として鋭い眼差しで日本を注視している現実を思い知らされた。

台湾出兵から二〇年後の一八九四年は、よく知られている日清戦争が起きた年。朝鮮半島をめぐる清国との対立から戦争となり、日本はこの戦争に勝利することで、事実上朝鮮半島の支配する計画を具体化していく。さらに、一〇年後の一九〇四年は日露戦争の年。この戦争には、日本はイギリスから莫大な借金をし、当時のお金で二〇億円という戦費を準備した。

際どいところで、取りあえず勝利はするが、約一〇万人にのぼる日本人兵士の犠牲者を出し、国民に多くの戦争税も課した戦争であった。日清・日露戦争で勝利をしたことで、日本は軍事力への依存体質を一層強めていく。

軍国日本は、この二つの戦争で固められたと言ってよい。作家の司馬遼太郎は、『坂の上の雲』などの作品で「健全なナショナリズム」が育まれた時代と肯定的に捉えているが、これは、大きな勘違いと言わざるを得ない。これらの戦争は反省すべき歴史の事実ではあっても、元気な日本を証明する事実では決してない。

軍国日本は、その余勢を駆って一九一四年から始まる第一次世界大戦にも連合国軍として参戦する。日本は地中海にドイツ軍のUボートという潜水艦を捕捉し、攻撃するための軍事作戦と、中国の青島や当時ビスマルク諸島と呼ばれていた西太平洋に浮かぶ諸島を攻略し、事実上支配権を得た。

このように、「一八七四」、「一八九四」、「一九〇四」、「一九一四」、偶然にも「四」で終わる年を拾っただけでも、戦争に次ぐ戦争の近代日本の姿が浮き彫りになるだろう。しかも、戦争を繰り返すたびに戦争への肯定感が、甚大な犠牲の向こうで拡がっていることに気づく。

しかしながら、こうした戦争の連鎖は、実は一九四五年の日本敗戦への道でもあった。その後も、一九一八年から一九二五年まで続いたシベリア干渉戦争、一九二七年から一九二八年までの中国山東省への出兵、一九三一年の満州事変、一九三七年の日中全面戦争の開始、一九四一年から日本敗北の一九四五年まで続く英米を中心とする連合国との戦争。一括して〝アジア太平洋戦争〟とも呼ばれる戦争が連綿とつづいた。

近代日本は、文字通り戦争の時代であった。そこでは日本人だけでなく、アジア近隣諸国を中心に多大の犠牲を強いる結果となった。そうした戦争の被害を踏まえ、二度と戦争を選択しない国家社会へと舵切りするために、現行憲法が制定されたと捉えるべきである。

改憲を説く人たちは、近代日本の歴史を丸ごと肯定的に捉えたい、と思っている人たちだ。反省と教訓を引き出し、二度と戦争のような暴力を内外に振るわない国家社会の建設が戦後日本に課せられた国際的な義務であったと思う。改憲とは、そのような試みをも否定する愚行という他ない。

護憲運動の踏ん張り

現行憲法を護り抜き、活かし切るということは、近代日本の負の歴史事実を教訓化し、日本が二度と侵略国とならないための運動であったはずだ。護憲運動とは、ただ単に現行憲法が変えられてしまうことへの反対運動だけでなく、日本人が加害者にも被害者にもならないための、文字通り日本人やアジア近隣諸国民の生命を護る運動でもある。その根底に、先に簡単に述べた歴史の総括があった。

それでも戦後の護憲運動は苦難の連続だった。現行憲法が一九四六年一一月三日に制定されてから、最初の危機は、一九五〇年六月に朝鮮戦争が勃発し、在日米軍が朝鮮半島に出動した後を埋めるという口実で、同年八月一〇日に旧軍人を幹部とし、七万五〇〇〇人から編成される警察予備隊が創設されたことだ。「警察予備隊令」は「政令第二六〇号」(いわゆるポツダム政令)として公布され、名前は警察の予備隊、すなわち警察軍だが、その装備やスタッフの点から見て、軍隊以外のなにものでもなかった。こうして、戦力不保持を謳った憲法第九条の骨抜きが始まったのである。

朝鮮戦争が、休戦協定の締結で終息したのを機会に、日本は一九五二年九月四日にアメリカとの間に日米安保条約を締結する。この安保条約には、二条にわたる、いわゆる経済条項があったものの、基本的には日米軍事条約であった。これもまた、日本国憲法第九条の主旨を大きく逸脱するものであった。

以後、警察予備隊は保安隊（一九五二年一〇月一五日発足）を挟んで、一九五四年六月九日に現在の自衛隊が発足する。これ以降、自衛隊は増強の一途を辿り、日米安保を口実に在日米軍も強化されていく。日本国憲法の基本目標と真逆の事態が進行していくことになったのである。それは、同時に憲法が換骨奪胎されていく過程でもあった。

しかし、朝鮮戦争やベトナム戦争でも日本は出撃基地及び軍需生産拠点として、事実上戦争に加担はしたが、自衛隊の海外派兵までには突き進まなかった。基地問題を中心に、自衛隊の問題に絡んで増強派と縮小派の論争や運動が展開されたが、イラク戦争で自衛隊派遣が断行されるまでは、文字通り市民運動や労働運動などが中心となって繰り広げられた護憲運動により、海外派兵も戦争参加も食い止められてきたのである。

護憲運動は、何も反戦運動だけに収斂されるものではない。平和国家日本の建設の途次にも、国内に存在する貧困や差別、それに抑圧など人権を蝕む行為や思想などに果敢に挑み、その解決にも全力で取り組んできた。

残念ながら現在では富の不平等な分配ゆえに深刻な格差社会が出現し、労働者の実態も非常に厳しいものがある。また、国内では依然として解消されない外国人差別や障害者差別、さらには男女差別も存在している。また、職場内にあっても組織秩序の維持を口実に抑圧される人々がいる。地域社会や家庭のなかにも、いじめやハラスメント（嫌がらせ）、ドメスティック・バイオレンス（家庭内暴力）

や育児虐待・育児放棄など、暴力と括れる実態が非常に増えている現実がある。

いま挙げた貧困、差別、抑圧などを総称して、ヨハン・ガルトゥング（Johan Galtung 一九三〇〜）は「構造的暴力」（ヨハン・ガルトゥング『構造的暴力と平和』中央大学出版部、一九九一年）と一括した。「構造的暴力」は、表向き平穏で平和と見える社会にも潜在しているものである。それは別名「見えざる暴力」と呼ばれ、「見える暴力」としての戦争や内乱と分けて捉えられるが、この「見えざる暴力」の集積が、「見える暴力」としての戦争に結果してしまうのではないか。私たちの生活に身近な構造的暴力に対しても立ち向かう運動が、護憲運動に課せられているのである。

二度と、一八七四年も一八九四年も一九〇四年も一九一四年もない、そうした国にすることが、日本国憲法に課せられた大きな役割、期待であったはずだ。そうしたことと関連づけると、戦後の護憲運動の踏ん張りは、大きく評価されなければならない。同時に、今後ともこれまで以上の踏ん張りを見せるなかで、全ての暴力を解消し、文字通り暴力なき社会、言い換えれば「護憲社会」を築き上げることに、これからの護憲運動の方向性を一層明らかにすべきであろう。

自民党の「憲法改正草案」を批判する

次に、二〇一二年四月二七日、自民党が発表した「日本国憲法改正草案」（以下「草案」と略す）に触れておきたい。これは安倍内閣成立前の、民主党が政権を担当していた時に自民党の案として作成されたものだが、これだけ本格的な改正案を発表するのは初めてだった。自民党としても長年の宿願を果たす時代状況にあると読んでいたはずである。

まず、「草案」の「前文」と日本国憲法のそれとを読み比べてみる。「草案」には、次のように記されている。


日本国は、長い歴史と固有の文化を持ち、国民統合の象徴である天皇を戴く国家であって、国民主権の下、立法、行政及び司法の三権分立に基づいて統治される。

我が国は、先の大戦による荒廃や幾多の大災害を乗り越えて発展し、今や国際社会において重要な地位を占めており、平和主義の下、諸外国との友好関係を増進し、世界の平和と繁栄に貢献する。

日本国民は、国と郷土を誇りと気概を持って自ら守り、基本的人権を尊重するとともに、和を尊び、家族や社会全体が互いに助け合って国家を形成する。

我々は、自由と規律を重んじ、美しい国土と自然環境を守りつつ、教育や科学技術を振興し、活力ある経済活動を通じて国を成長させる。

日本国民は、良き伝統と我々の国家を末永く子孫に継承するため、ここに、この憲法を制定する。


日本国憲法の、よく知られた「前文」はこうである。

日本国民は、正当に選挙された国会における代表者を通じて行動し、われらとわれらの子孫のために、諸国民との協和による成果と、わが国全土にわたつて自由のもたらす恵沢を確保し、政府の行為によつて再び戦争の惨禍が起ることのないやうにすることを決意し、ここに主権が国民に存することを宣言し、この憲法を確定する。そもそも国政は、国民の厳粛な信託によるものであつて、その権威は国民に由来し、その権力は国民の代表者がこれを行使し、その福利は国民がこれを享受する。これは人類普遍の原理であり、この憲法は、かかる原理に基くものである。われらは、これに反する一切の憲法、法令及び詔勅を排除する。

日本国民は、恒久の平和を念願し、人間相互の関係を支配する崇高な理想を深く自覚するのであつて、平和を愛する諸国民の公正と信義に信頼して、われらの安全と生存を保持しようと決意した。われらは、平和を維持し、専制と隷従、圧迫と偏狭を地上から永遠に除去しようと努めてゐる国際社会において、名誉ある地位を占めたいと思ふ。われらは、全世界の国民が、ひとしく恐怖と欠乏から免かれ、平和のうちに生存する権利を有することを確認する。

われらは、いづれの国家も、自国のことのみに専念して他国を無視してはならないのであつて、政治道徳の法則は、普遍的なものであり、この法則に従ふことは、自国の主権を維持し、他国と対等関係に立たうとする各国の責務であると信ずる。

日本国民は、国家の名誉にかけ、全力をあげてこの崇高な理想と目的を達成することを誓ふ。

「草案」の「前文」は分量の少なさもさることながら、憲法の理念について、日本国憲法より深い説明がない。非常に簡単かつ空虚な内容である。そこには、憲法に何を期待し、どのような歴史経緯を踏まえて制定するのかについて、日本国憲法のような説明が全くと言ってよいほどない。作りたいから作っているのだ、とする傲慢不遜な姿勢さえ透けて見える。

憲法の「前文」は、その憲法の特徴を語る重要な部分だが、その位置づけが軽過ぎる。そして、何よりも国際社会に信頼され、期待される国家社会への方向性が明記されず、また、国際社会のなかの日本の果たす位置についても、全く言及がない。日本だけが孤立した国家でも構わないとする姿勢さえ、印象として与えてしまいかねない。型通りの「平和」や「友好」の用語が使ってはあるものの、それを裏打ちする思想や精神、あるいは理念が欠落しているのである。

第九条をどうするのか

まず、よく知られている日本国憲法第九条の条文はこうである。

第九条第一項
日本国民は、正義と秩序を基調とする国際平和を誠実に希求し、国権の発動たる戦争と、武力による威嚇又は武力の行使は、国際紛争を解決する手段としては、永久にこれを放棄する。
第二項

前項の目的を達するため、陸海空軍その他の戦力は、これを保持しない。国の交戦権は、これを認めない。

これに対して「草案」の第九条は、次のように長々しい条文に変わっている。

第九条（平和主義）
日本国民は、正義と秩序を基調とする国際平和を誠実に希求し、国権の発動としての戦争を放棄し、武力による威嚇及び武力の行使は、国際紛争を解決する手段としては用いない。
2 前項の規定は、自衛権の発動を妨げるものではない。

第九条の二（国防軍）
我が国の平和と独立並びに国及び国民の安全を確保するため、内閣総理大臣を最高指揮権者とする国防軍を保持する。
2 国防軍は、前項の規定による任務を遂行する際は、法律の定めるところにより、国会の承認その他の統制に服する。
3 国防軍は、第一項の規定による任務を遂行するための活動のほか、法律の定めるところにより、国際社会の平和と安全を確保するために国際的に協調して行われる活動及び公の秩序を維持し、又は国民の生命若しくは自由を守るための活動を行うことができる。
4 前二項に定めるもののほか、国防軍の組織、統制及び機密の保持に関する事項は、法律で定める。
5　国防軍に属する軍人その他の公務員がその職務の実施に伴う罪又は国防軍の機密に関する罪を犯した場合の裁判を行うため、法律の定めるところにより、国防軍に審判所を置く。この場合においては、被告人が裁判所へ上訴する権利は保護されなければならない。
第九条の三（領土の保全等）
国は、主権と独立を守るため、国民と協力して、領土、領海及び領空を保全し、その資源を確保しなければならない。

「草案」は、随所に驚くべき内容が盛り込まれているが、憲法改正を目論む勢力の、最大の目標が現行憲法第九条の事実上の改変にあることは衆目の一致するところだ。現行の日本国憲法は「第一章天皇」の章から始まり、一条から八条まで延々と続き、やっと「第二章 戦争の放棄」にやってくる。「第一章 天皇」の章は一条から八条まであるが、「第二章 戦争の放棄」は、第九条たった一条しかない。第九条の第一項と第二項は大変にシンプルながら、そこに込められた精神、理念、目標は、すこぶる先進的であり、新しい国家像を遺憾なく提示しているものであるといえる。主権国家でありながら、武装自衛権を否定する。
主権国家はすべて自衛権を持っている。個人も正当防衛権を自らの命を守る権利として保有しているように、国家にも自らを守る権利を保有している。それが自衛権だ。ただ、憲法九条はその自衛権の二つの種類、すなわち武装自衛権と非武装自衛権のうち、明確に後者を選択しているということだ。

かつて社会党は、石橋政嗣委員長の時代に非武装中立という、第九条を真面目に読めば、当然といえる政策方針を打ち出した。すでに古く懐かしい言葉になってしまったが、第九条は、非武装による自衛権を示しているという論点だった。そのことを踏まえて、国家自衛の方法としての「非武装中立政策」が妥当だと主張した。この、特定の国家と一蓮托生の関係、つまり同盟関係を結ぶのではなく、全ての外国と対等中立な関係を取り結び、非武装中立政策の実現によって、国家や国民の安全を担保することのほうが現実路線といえるのではないのか。

「国防軍」にする目的は何か

現行憲法の第九条は、国家間に生じる対立や軋轢を、武力ではなくて外交力によって平和のうちに解決することを目的としたもの。国際法上で主権国家に付与されているとされる武装自衛権を敢えて放棄することを国際社会に向けて宣言した、極めて先駆的な自衛権論である。「第二章　戦争放棄」には、戦後日本の出発にあたり、明確な意思が込められていた。そのためには、本来ならばどこの国とも同盟関係を結ばず、当距離外交を敷くことが求められたはずだが、一九五一年の日米安保条約の締結は、そうした日本の外交姿勢と矛盾するものであった。

けれども、この矛盾を解決するには、二つの全く異なる選択肢がある。一つには、自衛隊を含め、戦力と見なされるものは文字通り保持せず、同盟関係も締結せず、非同盟中立政策あるいは非武装中立政策を貫くこと。もう一つは、日米安保条約のような同盟関係を結び、武装力を強化して国力を高める方法である。現在は、軍事同盟と言い得る日米安保を締結し、後者を選択していると言える。「草案」に盛られた国防軍構想は、これをより一層徹底しようとするものだ。

戦後、護憲運動や平和を求める市民の感情や意識が、非同盟中立や非武装中立へとまでは進まなかったが、自衛隊を海外に出さず、また文民統制を堅持して自衛隊が肥大化しないように注意を払ってきた。その後もせめぎ合いが続いたが、「九・一一同時多発テロ事件」を契機にイラク戦争に自衛隊が派遣される事態を迎え、国防軍の創立による、より強大な軍事力と軍事機構を用意することこそ、合理的と判断する勢力が力を得てきたのである。

「草案」の九条には、実に危険な内容が盛り込まれているが、特に九条の二の「4 前二項に定めるもののほか、国防軍の組織、統制及び機密の保持に関する事項は、法律で定める」の部分に注目したい。これは何を言っているかというと、名実共に自衛隊を国防軍とするのだから、軍事機密は絶対に守らなければいけない。そのためには秘密保護法が不可欠だ、という宣言である。

先ほど日清・日露戦争の事に少し触れたが、日本は連綿と続く戦争政策の過程で軍機保護法や国防保安法など、いくつもの軍事機密保護法を整備していた。それは軍事に関わる事が国民に情報流出することを防ぐ目的で、市民の日常生活をも監視する体制を築き上げていくものだった。

かつて日本は、日清戦争直後の一八八九年に軍機保護法を整備し、一九三七年の日中戦争全面戦争の年に軍事機密保護法を改正して内容を強化した。一九四〇年には国防保安法をも制定するなど、次々と軍事機密法を立ち上げて、多くの国民の耳目を塞いできた。もちろん戦争反対の声を封殺するための法的な準備として。正真正銘の軍隊を持つ国家は、少なからずこのような軍機保護法というものを用意するものである。

危険な内容満載の「草案」

自民党が作成した草案は、極めて危険な内容が盛沢山だ。以上で触れた軍機保護法に相当する法律制定への動きが、かつて極めて顕著であった。自民党の「草案」作成を踏まえて、その動きが今後再浮上してくる可能性は大である。例えば、自民党歴代内閣の中でもスパイ防止法の制定に動いたのが、中曽根康弘政権の時である。正式名称は「国家秘密に係るスパイ行為等の防止に関する法律案」と称し、一九八五年の第一〇二回国会に自由民主党所属議員により、まずは衆議院に議員立法として提出された。しかし、第一〇三回国会で審議未了、そして廃案になった経緯がある。引き続きそれに似たような法律群を、自民党は次々に画策してきた。

例えば、一九八四年八月六日に、改めて「スパイ防止法案」が作成発表され、さらに翌年の一九八五年六月六日にも「スパイ防止法案」が議員立法として衆議院に提出された。しかし、これらの法案は、護憲運動が先頭に立って潰していった。

けれども、この国防軍なるものが創設されたならば、同時に軍事機密保護法に相当する法律が登場してくるはずである。国防軍の創設には、そのような企画も用意されていることを知っておくべきであろう。

これに関連して取り上げておきたいことは、自衛隊には情報保全部隊があり、護憲運動をはじめ、様々の集会に監視網を張っていることだ。それを取りまとめ、上部に報告していた事実がある。仙台などでは明らかに違法行為ということで訴訟にもなっている。筆者もかつて『監視社会の未来――共謀罪・国民保護法と戦時動員体制』（小学館、二〇〇七年）と題する本を出していたこともあり、この訴訟に関わった経験を持つ。これはほんの一例だが、国民監視体制が着々と進められている現実にある。そうした文脈で、「草案」に目を通すと背筋が凍る思いがする。

もうひとつ、草案の九条の二の5にある「国防軍に属する軍人その他の公務員がその職務の実施に伴う罪又は国防軍の機密に関する罪を犯した場合の裁判を行うため、法律の定めるところにより、国防軍に審判所を置く」の部分にも注目したい。これは軍事裁判所の設置を想定している。

実は、今軍事裁判所は一応ないことになっているものの、国防軍創設が実現されれば、軍事裁判所が設置され、民間人を含めて厳しい監視体制と規制が敷かれることになろう。軍事裁判所の対象は軍人だけでなく、むしろ民間人となる。九条の二の4のところで触れた通り、軍事機密保護に神経を尖らせているのだ。平時においても、一般市民にも凄い牽制力を発揮することになるのは間違いない。

「草案」には、是非触れておきたい重大な問題箇所が満載だが、他にも問題点が余りにも多い。例えば、天皇の位置づけについては、「元首」へ（第一条）と切り替わる。また、「第九章　緊急事態」が新設されている。急事態条項の意味は、何よりも憲法の自己否定に直結するものだ。

この他にも、「第十一章　最高法規」の「第百二条（憲法尊重擁護義務）」では、「全ての国民は、この憲法を尊重しなければならない」とした。憲法の絶対化・強制性を顕在化させている近代憲法は、良く指摘されるように、人権侵害を引き起こす最大の国家権力を市民が監視し、牽制し、統制するためのものだ。ところが、「草案」の基調トーンは、明らかに国民の義務を規定した上から目線の内容なのだ。

要するに、近代憲法の原則である国家権利の濫用を防止し、監視する役割を放棄し、逆に国民監視と統制を全面に出した非近代憲法として登場してきているのである。愛敬浩二は、「草案」の問題点を、「(1)保守的・復古的改憲、(2)平和主義の根本的改変、(3)人権保障の弱体化、(4)立憲主義の形骸化」などにあると指摘している(奥平康弘他編『改憲の何が問題か』岩波書店、二〇一三年)。草案の危険な本質を突いた指摘である。

自衛隊装備の現実

ここで現在の自衛隊の現状について少し触れておきたい。自衛隊は既に極めて強力な武装組織として成長しており、自衛官約二四万人を要する強大な軍事組織となっている。憲法改正の焦点が、第九条ということであれば、当然に厳密に言えば第九条と矛盾する国家組織としての自衛隊を、今後一体どうするのか。縮小か現状維持か、あるいは一層の強化か、または解体か、という極めてシリアスな問題に向き合うことこそが、憲法論議や護憲運動の課題となるはずである。

現在の自衛隊の正面装備体系は完全な外洋化が進んでいる。約五兆円余という膨大な防衛予算（＝軍事予算）を計上しているが、予算で一体どんな装備を持っているか。例えば、防衛省の正面整備体系の性格を知るうえで参考となるのは、大型輸送艦（正式には、おおすみ型輸送艦）である。艦種を示す略号はＬＳＴ（Landing ship, Tank）で、戦車揚陸艦である。排水量は基準で八九〇〇トン、満載となると一万四〇〇〇トン、実に一万トンを超える軍艦である。同鑑は陸自隊員を三三〇名、大型トラックを六五両、戦車を一八両も搭載する能力を持つ。同型艦を海上自衛隊は現在三隻（「おおすみ」、「しもきた」、「くにさき」）保有している。

これは、操舵室を右舷に集中配置した全長一三五メートルの飛行甲板が敷設可能なヘリ空母型の戦闘艦だ。船底には、アメリカのテキストロン社製のエルキャック（ＬＣＡＣ＝Landing Craft Air Cushion）と呼ばれる強襲上陸艇二隻を搭載する。ＬＣＡＣには、戦車一両を乗せることが可能で、完全武装した自衛官一八〇名（搭載最大限界は二四〇名）を輸送可能である。

ＬＣＡＣは、東北震災の折に被災地に簡易トイレや灯油などを運び入れるなどに運用されたが、本来の役割は敵地の強襲上陸を目的とする侵攻作戦で運用されるために開発・配備された装備だ。大型輸送艦と言い、ＬＣＡＣと言い、どうして専守防衛を建前とする自衛隊で必要な装備なのか、大いに疑問が残る。これらの装備は、明らかに専守防衛用の装備ではなく、相手国への侵攻作戦を担うための装備と言う他ない。

もう一つ、海自が、一隻一二〇〇億円以上する電子戦闘艦のイージス艦を六隻も保有していることも注目したい。さらに八二〇〇型イージス戦闘艦二隻を建設配備予定である。イージス艦は、本来航空母艦を警護する目的のもとで開発・配備されたもの。「こんごう」、「あたご」、「きりしま」など、戦前の帝国海軍の軍艦名を冠している。海上自衛隊も、近い将来航空母艦の保有にまで踏み込む可能性があり、そのために先んじて配備したとも思われる。

また、海上自衛隊の主力艦は護衛艦と呼んでいるが、大型化が目立っている。二〇一五年から海上自衛隊最大の艦艇となるヘリコプター空母型護衛艦「いずも」（基準排水量一万九五〇〇トン）が竣工・実戦配備された。その排水量から、「一九五〇〇型護衛艦」と呼ばれ、長さが二四八メートル・全幅三八メートル・深さ二三・五メートル・吃水七・三メートルの巨大さだ。満水排水量は二万七〇〇〇トン近くとなると予測されており、ヘリコプターも二〇機近く搭載可能となる。建造費は一一三九億円（初度費見込み一二〇八億円）であり、同型鑑「かが」も建造中（二〇一七年竣工予定）である。自衛隊は以上のように、十分に関知されないところで、帝国海軍を凌駕する強大な軍事力を保有するに至っているのである。

これら強大な軍事力が専守防衛用ではなく、海外での一定の作戦行動に耐える装備であること、そうであれば既に憲法第九条の「戦力不保持」が形骸化していることも合わせて考えなければならない。本当に強大化した自衛隊の装備が日本の、あるいは日本国民の安全保障度を高めることに貢献しているのかについても充分に検討する余地があろう。その装備は日本の領土・領空・領海を護るためのものではなく、海外作戦の展開を射程に据えた装備であることは一目瞭然だ。

ならば、なぜこのような装備を保持し、冷戦時代でもないのに、なお一層の装備の拡大に走るのかが、次に大きな問題となる。恐らく、既に日本には軍拡の利益構造という実体が定着していて、装備の拡大が一定の巨大な利益を生み出す事になっているはずだ。セングハースの言う「軍拡の利益構造」(ディーター・セングハース『軍事化の構造と平和』中央大学出版部、一九八六年)が日本でも定着しているのだ。加えて、そうした強大な軍事力を盾にして日本国家の威厳を保ち、近隣地域における覇権を握ろうとしているとも思われる。

「草案」で示された国防軍創設の考えの根底には、そうした思惑や意図があるのではないか。換言すれば、現実となった強大な装備に見合う軍事組織を憲法によって認知させたい、という思惑が、もはや隠しようがなくなったと捉えることができる。

こうした急速な軍備拡大であっても、それだけで中国の軍備拡大に対応することは不可能ではないか、という疑問が出てくる。筆者も大連に赴いた折りに空港に向かう途中、中国初の航空母艦「遼寧」(Liaoning)を大連港のドックで何度か見てきた。同艦は二〇一二年九月二五日に人民解放軍に引き渡され、現在、渤海湾などで訓練航海を続けている。船体はソ連邦時代に建設中であった航空母艦「ヴァリャーグ」を引き取った形で中国バージョンに改編し、完成に漕ぎ着けたものだ。この「遼寧」に象徴されるように、中国も確かにアジアではインドに次いでの航空母艦保有国になったわけだから、その点だけを取り上げれば確かに軍備拡大である。しかし、だからと言って、例えば「遼寧」を中心とする機動部隊が日本を侵攻する可能性は、一体どの位あるのか。

安倍政権や日本の軍拡を支持する人たちは、アジアの安全保障環境が変わったとして、事実上中国の軍拡の脅威を指摘する。確かに、近年における中国の軍拡は非常に顕在化しており、国防予算もアメリカの半分相当の約三〇兆円規模に達していると見積もられている。

しかし、日本・中国・アメリカは、経済的には一体化した状況が構造化しており、その実体を破壊してまで日本侵攻を強行する、と予測するのは相当の飛躍がある。中国にとっての最大の関心事は一四億近い人民の生活確保であり、中国共産党による一党支配体制の堅持である。

いくらアメリカに次ぐ世界第二位のＧＮＰ大国に成長した中国とはいえ、現在では国際経済のなかでしか生存は許されないところに来ている。日本であれアメリカであれ、他国への侵略は時代への逆行だけでなく、国際的孤立というより自殺行為に等しいのである。そのことは北朝鮮でも同様である。それでも中国が軍拡を続けるのは、強大軍事国家としての体裁を整えることで、二度と日本を含めた諸外国から侵攻を許さない実力を保持しない限り、中国共産党の正統性が担保できないからである。

かつて、日本がアジア大陸に触手を伸ばした最大の理由は、大陸の資源と市場の確保だった。いま、中国が資源の少ない日本に手を出す必然性はない。市場としても、日本にとって中国はいまや重要な貿易相手国となったが、中国にとっても日本の市場は軍事力ではなく、友好関係の増進によって、相互に利益をあげることが死活問題になっている。それもあって、軍事力行使のメリットは何もない。

その一方では、アメリカのロッキード・マーチンやボーイング、イギリスのＢＡＥシステムズ、オランダのＥＡＤＳ、フランスのタレス・グループ、スウェーデンのサーブ、ロシアのアルマズ・アンティ、そして、日本の三菱重工業などに代表される軍需産業と同様に、中国では中国北方工業や中国航空工業など、世界で指折りの軍需企業が台頭しており、文字通り「軍拡の利益構造」（セングハース）が内圧として軍拡に拍車をかけている現実もある。軍産複合体がアメリカの権力核を形成しているように、中国でも先進軍需生産国と同様の事態が生まれているのであろう。
懸案となっている尖閣諸島の領有問題に絡めて、中国の海艦、つまり日本の言う海上保安庁所属の船が日本の主張する「領海」に侵犯を繰り返しているが、それは日本への侵攻の準備ではないことは、誰の目にも分かっているはずだ。中国は中国の主張を通すために、存在証明的に艦船を繰り出しているだけである。軍事力によって解決する問題ではなく、外交力・政治力によって解決する問題だ。

要するに、中国の軍拡の事実に過剰に反応するのは無駄だということ。私たちには、平和のうちに友好関係を築き上げる英知があることを示すべきであり、その前提で現行憲法も日本が採るべき道を示している。いたずらに中国に軍拡を急がせる外的要因を創らないこと、軍事力に依存せず、平和力を相互に示し合う度量豊かな関係を創ることが、本来の平和実現の方途であることは、ここで繰り返す必要はないであろう。

近代憲法を否定する「草案」の怖さ

このような自衛隊を国防軍化することの意味を、改めて考えてみると「草案」に象徴される改憲勢力の憲法自体への捉え方が問題となる。近代憲法は、基本的人権を侵す国家権力を監視し、縛るものとして登場してきた歴史を繰り返し学習しなければならない。いま、改憲論者の多くが、近代憲法の基本目標や理念を無視する姿勢を隠そうとしない。

近代憲法の役割は国民を支配するための文書ではなく、あくまで国民が国家を監視し、統制するための手続きを定めた文書だ。その辺が曖昧にされているのか、分かったうえで、敢えて国民統制の文書として、これからの憲法のありようが考えられているのか。

権力者の権力の乱用を防がんがために、主権者である我々が権利を行使するのが本来の目的であり、権利規定が中心軸を占めるのはごく当たり前のこと。自民党の憲法草案は義務規定が多い。戦前の大日本帝国憲法（明治憲法）は、天皇が国民に与えた憲法という意味で欽定憲法と言われる。そこには「国民」の名前すらなく、「臣民」と明記された。

憲法草案では、公共の秩序を守らなければいけない、というトーンの文言が目立つ。一体、公共の秩序は誰が決めるのか。我々国民が決めるべきものを、国家あるいは政府が決めて、それを国民に半ば強制する。それによって創られた秩序を公共秩序の名のもとに、国民を事実上束ねようとする姿勢が透けて見えるのである。

こんな時代錯誤の憲法草案が、本当にこの国でまかり通るはずがない、と思いたいが、現在の政治の動向からすれば、実現性は高まる一方だ。この国は多数決の原理原則が貫徹される民主主義社会ではない。決して有権者の多数ではなく、有権者の声や世論とは乖離がある一部少数者が日本進路の舵切りをしている現実にある。舵取りではなく、舵切りだ。そこをキチンと観ておかないと、大変なことになるのではないかと思う。

平和の内実を検証する

私たちは、これまでにも日米安保に反対し、自衛隊が軍隊化することにも反対してきた。同時に教育基本法の改正や有事法制にも反対してきた。あまたの人々が、護憲運動による平和社会を創造するために、平和を突き崩すあらゆる動きにも、真剣に向き合ってきた。それでも国民のせいぜい二割、三割程度の支持者を得た自民党政権が、この国の多くを舵切りしていく。

圧倒的多数の六割、七割の人たちを、私たちはある意味では仲間として引き寄せなければいけない。それが護憲運動であり、そのことをもう一度、あらためて誓い合う時と場を繰り返し設けていく必要がある。

それと同時に、確かに戦後の護憲運動が、辛くも日本が戦争に参加することをギリギリの線で食い止めることに成功してきた経験値を活かす時だ。それでもイラク戦争への自衛隊の事実上の参戦を阻むことはできなかった。日本政府は参戦という歴然たる事実の他に、正面装備の強化と同時進行するかのように、何種類もの有事法制を相次ぎ成立させた。護憲運動の展開の向こうでは、憲法第九条の存在を嘲笑うかのように、ハード面でもソフト面でも、明らかな軍事大国化が進行している。

戦後日本は、その意味で表向き平和の状態を維持してきたように見えるが、それは所詮内向きの平和であって、厳密にいえば、どこまで平和な社会であったかは、大いに疑問と言わざるを得ない。

かつて姜尚中は、戦後日本の平和の内実を問うと、それは「泥まみれの平和」に過ぎないと喝破した。そのことを私は、少々硬い言葉で「軍事と平和の強制的共存」状態が続いてきたと総括してきた。戦後日本の平和は純粋な平和、どこに出しても恥ずかしくない平和ではなく、軍事という「泥」を被った平和だと言う姜と、平和憲法と日米安保が同居する日本国家の矛盾を指摘してきた私の物言いは、基本的に一致している。

イラク戦争まで日本は戦争に参加しなかったか、と言えば実はこれも随分と怪しい。朝鮮戦争で機雷掃海にあたった、海上保安庁の掃海隊員一名が元山沖で機雷掃海作業中に触雷して殉職している。山口県周防大島出身の中谷坂太郎氏である。戦争中での死亡事例であり、間違いなく「戦死」である。しかし、当時の政府はこの事実を長らく隠し通す。戦後の日本は憲法上、「戦死者」は出ないはずになっているからである。

しかし、このようなある意味でのごまかしは、もうできなくなっている。イラク戦争に自衛官が派遣されたおり、政府はいつ「戦死者」が出るか不安だった。そうなったら、国民の反発が起こり、自衛隊を派遣した政府の責任が問われることは必至であったからだ。

その一方で、政府は万が一イラクで「戦死者」が出るかもしれないと、高額の弔慰金まで事実上公表していた。相応の覚悟を踏まえての派遣、というより派兵であった。

日本は既に「参戦国」となっている

派兵された自衛官は、文字通り戦場に動員され、彼らは「戦争のように演習し、演習のように戦争しろ」と命令され、堅固な陣地を構築して、時々陣地を出て警戒行動や、時には駐屯地周辺の住民のために給水活動や教育施設整備などの「平和活動」に従事したとされる。しかし、本務は、あくまで自衛隊の武装力による治安確保であった。

つまり彼らは実弾を持って、ガチガチに鎧を固めて、いつでも発射できるように実弾を込めたライフルや機関銃を持って、サラワク周辺を哨戒していた。それで陣地にはロケット砲弾が撃ち込まれたとされる。同時に広大な陣地内では、「戦争のように演習し、演習のように戦争しろ」との言葉通り、厳しい軍事訓練を文字通り戦場における緊張感を抱きながら遂行していた。次々にイラクの戦場に派兵された全国各地に展開する陸上自衛隊は、実践的な軍事訓練を施され、戦える自衛隊となって帰還したのだ。

かつて、日本はアメリカから湾岸戦争の折に、「ショー・ザ・フラッグ」(show the flag)と脅かされて、時の海部俊樹政権は九〇億ドル、日本円にして一兆二〇〇〇億円という莫大な軍事費をアメリカに供与した。一九九一年一月二四日のことだ。ところがイラク戦争のときには、「ブーツ・オン・ザ・グラウンド」(boots on the ground)と命令され、陸上自衛隊を戦場に派兵した。日本は対テロ戦争という口実によって、国際社会でも参戦国との評価を受けてしまっている。

このまま、参戦国としての実績を積み上げていく方向に進むのか、それともそうした戦後の事実を深く反省して、本来の非武装による平和社会の創造に尽力するのか、いまその分岐点に立っている。

私たちの課題は何か

これからの私たちが共有可能なスローガンとして、以下のものが指摘できるのではないか。

それは第一に、軍拡の連鎖を断ち切れ、ということだ。アメリカの軍事グローバリゼーションの拡大を阻止し、反グローバリゼーションのうねりを民衆のなかから立ち上げること。それが軍拡の連鎖を断ち切る主体の形成と連帯の一大機会となるはず。〝脅威〟の真相として北朝鮮のミサイル発射や核実験などがもたらす東アジアの軍事衝突の危うさの問題を指摘するのは当然だが、根本的な解決を目指すには、軍拡の連鎖を断ち切らなければならない。

合意かつ共有が可能な平和構想を、さまざまな困難を克服して実現していくために、私たちにはまず何よりも、米軍再編によって加速される国内の「軍事化」を遮断し、多様な選択肢から最も安全性の高い政策の提言や、軍事主義への依存を拒否する平和意識の確認を重ねて行なうことが、切実に求められている。

第二に、軍事力に依存しないシステムの構築を推し進めること。脱軍事力の方向を探るために、軍事力に依存しない和解と共生のシステムを構築することだ。そこでは資本の論理・軍の論理を超えた民の論理・平和の論理を紡ぎだすことが求められる。そこでは、資本権力に対置する脱資本・脱軍事の論理と思想の共有が課題となろう。

軍事力によって担保される既存国家を超える論理を鍛え上げること、そのなかで帝国日本への回帰を急ぐ権力の危険性を指摘しつつ、帝国日本の核としての靖国と天皇の存在と思想を同時的に把握する運動として、憲法九条の活性化が不可欠である。いま、私たちが米軍再編に対する批判の運動を果敢に推し進めているのは、軍事力の脅威から解放されたシステムの構築を、あくまで民衆の視点から創造していくためだ。

第三に、東アジア諸国民との共生と平和創造を求めていくこと。アジア民衆との連帯と共生のなかで、軍事グローバリゼーションを阻止することだ。その成果を踏まえて、アジア平和共同体あるいはアジア民衆共同体の構築を展望することである。

私たちは、アメリカの米軍再編および基地強化と押し付けに断固反対し、朝鮮半島の平和統一の実現こそ、東アジア全体の本当の平和共存の方途であることを強く自覚し、アジアの労働者や市民との連帯を強化していかなくてはならない。あらゆる機会を通して連帯の輪を拡げ、共に手を取って行動していけば必ず道は開けるはずだ。

第四に、〈護憲戦線〉の構築を急げ、ということ。既存の保守政党は、国連軍との協力関係のなかで派兵を志向しているが、何のための派兵かを充分に吟味する必要がある。護憲を掲げる政党・市民らによる「護憲」の声が有権者に予想外に届かなかったのはなぜかを問いつつ、憲法九条を活かすことによって何が変わるのか、の説得的説明が不充分ではなかったかについて議論が必要に思われる。

そのなかで、青年層及び無党派層に届く憲法論の展開を目指し、特に青年層に受け止められる〝新たな護憲論〟の展開と、党派を超えた〝護憲戦線〟のさらなる構築に向けて、運動を重層的に展開する必要があろう。従来の既定方針による改憲手法の見直しと、日米同盟・米軍再編の道筋への若干の変更が加えられるも、特に安倍政権の日米同盟強化論を注視することが求められている。

第五に、自衛隊から「自衛軍」、そして「国防軍」への流れを絶つこと。日本の自衛隊（新日本軍）も国民を護らないことを如実に証明した事例が多くある。

東日本大震災における自衛隊の活躍と、米軍の「トモダチ作戦」の展開への賛辞により、日米両軍への肯定感情が横溢した時期があった。しかし、すでに述べてきたように、自衛隊は決して専守防衛を旗印に掲げた組織ではない。その実態を踏まえつつ、国防軍化に断固反対していくべきである。

（二〇一三年七月二〇日　岡山市での講演に加筆）

2　憲法不在の国を許せるのか――改憲の真意を読み解く

短絡的なメディアと危険な歴史認識

二〇一三年七月六日号の『週刊新潮』の特集記事「中国『嫌日ジャーナリズム』の研究」に、鳩山由紀夫（元首相）、田中均（元外務審議官）、五十嵐仁（法政大学教授）、大西宏（慶応大学教授）の各氏と並んで、安倍首相を批判する論客の一人として、私の名前が出されたことがある。それは同誌に「中国の嫌日メディアの実態」という特集があり、中国メディアの安倍叩きや尖閣の問題に絡めて、日本が右翼化していると批判するキャンペーンは「けしからん」という論調の中でのこと。同誌の主張は、「中国の〝嫌日ジャーナリズム〟には典型的な手法がある。（中略）日本の『識者』に批判させるというものだ」ということで、同年六月一八日付けの『人民日報』に掲載された記事での私の発言が紹介されたのである。また七月一日付『人民日報』に寄稿した「侵略の歴史を認めない若者が日本で増えている、日中関係回復に正しい歴史認識が必要」という主張も取り上げられた。

これまでにも『人民日報』の国際論壇の欄に、何回か依頼を受けて寄稿してきた。掲載された記事は、私の原稿を正確に掲載したものであった。にも拘わらず『週刊新潮』の記者は、私の記事だけではなく、日本のほかの安倍政権を批判する記事をごちゃ混ぜにした形で使うという、恣意的な記事を作った。『週刊新潮』より、中国のメディアの方が正確であったわけだ。

このように日本の右翼メディアが、反中・嫌中キャンペーンを張っている。このようなことでは、日本は諸外国から尊敬もされないだろう。短絡的で非常に視野の狭い日本のメディアには、本当に困った状況である。

ちなみに『人民日報』の記事は、日本側の歴史認識の希薄さを指摘した内容だ。だからと言って中国の歴史認識が充分という話ではない。中国でも若い世代に歴史と向き合うという意識が薄らいでいる。国家主導の歴史認識が先行しているがために、自発的に歴史を捉え直そうという意識がなかなか生まれない状況にある。その点では、日本ともある意味では共通する大きな課題を背負っているといえる。

そういう意味で、国家主導の歴史問題への関わりは問題である。大事なことは、私たち一人ひとりの市民・有権者が、主導して日中間、日韓間、日米間なりの交流のあるべき姿を担っていかなければならない。

憲法を変えようとする、いわゆる改憲論者が増えつつある。改憲と同音だが、憲法破壊の意味を込めて〝壊憲〟という表現で、この危険な改憲論を反駁する護憲論者も、各地で懸命に護憲運動に取り組んでいる。憲法全体が改正・改悪されるならば、この国は憲法不在の国になってしまう。つまり憲法があったとしても、それが市民にとっては何ら意味をなさない、権力を庇護するための憲法になってしまうということだ。

常々言われるように、近代憲法とは、力なき市民を護るために、人権への最大の加害者である国家権力を縛るというものである。この近代憲法の役割を全否定する試み、これこそ自民党が持ち出してきた憲法草案の本質だ。それは文字通り憲法を壊す試みで、それが実現してしまえば、日本は憲法不在の国、あるいは憲法番外地の国となってしまうのではないか。二一世紀を迎えたこの時代にあって、憲法が事実上ない国家が生まれようとしている。

いま、なぜ安倍政権か

二〇〇六年八月二七日、第一次安倍内閣が誕生した。閣僚経験がない政治家が、いつの間にか総理大臣になってしまった。山口県民で安倍支持者からすれば、首相候補とされながら病死した父親のこともあり、待望の首相誕生であった。しかし、一年後に病気で突然辞めてしまい、これをもって「ドタキャン」に絡め、「アベキャン」と揶揄される始末であった。地元を含めて永田町界隈では、「もう安倍晋三の再登場はない」という大方の見方であった。

その頃、地元で新聞インタビューを受けた時、記者が「もうこれで安倍晋三は終わりでしょうね」と、確認の意味で聞いてきた。私はその時、「普通は考えられないが、だが日本は実は右翼国家です。

安倍さんは、どう見てもナショナリスト・右翼ですから、そのどす黒い権力欲が表面化すれば、場合によっては日本の代表的右翼政治家・安倍晋三が引っ張り出されることはあるかもしれませんね」と答えた。

私は山口にいるので、祖父・岸信介や大叔父・佐藤栄作と安倍晋三との政治思想面の関連性において、非常に気になっていた。おそらく憲法改悪の志向性が高まれば、安倍晋三はまた出てくるのではないか、と思っていた。

二〇一二年九月二六日実施の自民党総裁選では、八〇万人弱と言われる地方党員票が左右する予備選挙で石破茂候補が一九九票、安倍が一四一票を獲得し、石破が優位に立ったもの、国会議員による本選挙で安倍が一〇八票、石破が八九票で逆転が起きた。これは、安倍が地方自民党員の総意から出て来たのではなく、自民党内の保守権力層、なおかつ極めて右翼的な国家主義的な議員団から再び引っ張り出されたことを意味する。自民党の権力中枢が右翼化していること、この国の本来的な右翼国家の体質がそのままクリアに表出した瞬間だった。

自民党は五五年体制と言われる中から誕生した。当初から憲法改正、自主憲法制定をめざす政党だった。しかし、当時は早く復興を遂げようという経済第一主義で、高度経済成長の道を走らなければならず、それが自民党の当面の目標であった。一九六四年一〇月二五日、東京オリンピックの終了を待って退陣表明した池田勇人首相に代わり、佐藤栄作が登場した。池田勇人の敷いた経済第一主義の国是に従って、それを受け継いだ佐藤首相は、アメリカの庇護のもとで高度経済成長の道をひた走り、一九六八年にはＧＮＰで西ドイツを抜き、世界第二位になった。以後もバブルが弾けるまでは経済大国として、国際社会で相応の地位を得ていた。今から考えると順風満帆の時代を歩んだわけである。それもあって憲法の問題は国民の関心が希薄で、自民党員の中でも「いつか議論すればよい」と先送りされてきた。

その間にもアメリカの経済的、軍事的支援を受けて、日本は世界のことをほとんど考える必要がなかった。国内のことだけに専念すればよかった。国内で物を作って売り捌き外貨を稼いで、気がつけばアメリカを別にすれば世界一のドル保有国になっていた。そういう形では憲法の「け」の字も出なかった時代が長く続いた。アメリカも日本のことをしっかり支えてくれていたのである。

ところが、一九八八年に冷戦構造が終わると、世界の経済がおかしくなってきた。アメリカ経済も余裕がなくなってきた。ソ連崩壊後のロシアに代わって中国が台頭し、今度は米中競争の時代に入ってきた。

中国は、二〇一〇年にはGNPで日本を抜いて世界第二位になった。今後一〇年を待たずして、アメリカを抜くはずだ。一方日本といえば、インドやブラジル、そしてやがてはインドネシア（現在一六位）にも抜かれるだろう。抜かれても、安全で健康な生活が担保されれば問題はないはずだが、数字にこだわる人はそれをネガティブに捉える。ともかくも時代が変わってきて、経済の季節から政治の季節に入ってきた。

因みに、二〇一五年段階での世界のGNPは、第一位アメリカ（一八〇三三億ドル）、第二位中国（一一一一八億ドル）、第三位日本（四一二一億ドル）、第四位ドイツ（三三六三億ドル）、第五位イギリス（二八五五億ドル）、第六位フランス（二四二二億ドル）、第七位インド（二一〇七億ドル）、第八位イタリア

（一八一億ドル）、第九位ブラジル（一七七億ドル）、第一〇位カナダ（一五五億ドル）である。また、国民総所得（名目GNI）の順位では、アメリカ・中国・日本・ドイツ・フランス・イギリス・ブラジル・イタリア・ロシア・インドの順となっている。

対米従属路線からの脱皮志向

私は、日本はアメリカの植民地国家、従属国家だと思っている。外国の軍隊が軍人・軍属を合わせて五万名近く駐留し、沖縄の主要な耕地を米軍が支配している。在日米軍の半数は沖縄に駐留している。また、横須賀という首都の目と鼻の先の場所が、アメリカの第七艦隊の母港になっており、アメリカは自在に艦船を接岸し、戦闘機を離着陸させている。軍民共用である岩国錦帯橋空港も、間違いなく米軍基地だ。

今、世界を見回して、事実上アメリカの丸ごとの基地になっている国は日本と韓国だけだ。そういう状況で「日本は独立国です」と日本人が信じていても、外国の人からみれば、「大変ですね、いつ独立を回復されますか」と言われるだけだろう。

成田空港建設は、多くの農民の土地を奪う格好で強行されたが、それも、関東上空の多くの空域エリアが米軍に事実上支配されているからである。那覇空港は、急角度で離着陸しなければならない。横須賀上空もそうである。空域を米軍に提供しているからである。つまり地上も海上も空域も、必要度の高いところは米軍に占有されている。こんなことでは独立国とはいえない。成田では他に適地がありながら、強制代執行で国民の土地を奪った歴史がある。

これが「日米安保」のなせるわざである。安保条約はアメリカの安全を守るかもしれないが、日本の国民の安全を守っているとは思えない。このことを見ても日本は独立国ではない、といっても決して過言ではない。

日本が独立国ではないとする判断は、ひょっとすると、岸も佐藤も安倍も抱いていたかもしれない。かつて岸は、「日本はアメリカの植民地である、アメリカに支配されている。こんな国に誰がした」と言ったこともある。

岸はナショナリスト・右翼政治家であった。アメリカの支配に非常に抵抗感を持っていた。だから現行憲法を「押し付け憲法」だと言い、「自主憲法制定」と言ったのである。首相在任当時、国会答弁の中で「日本の核武装」についても言及した。独立国になるためには、現在の最終兵器である核兵器を持つことが、その証しになるという考えからであった。

核武装による独立志向

安倍首相も、第一次小泉純一郎内閣の官房副長官時代に核武装論を口にしたことがあった（本書の第Ⅰ部の1を参照）。彼ら右翼政治家は、共通して「核を持とう」と言う。アメリカ・ロシア・イギリス・フランス・中国だけでなく、インド・パキスタン、そして北朝鮮も核を持って自立しているという認識だ。だから彼らは核武装を、本気モードで口にする。しかも、彼らは、自民党の「憲法草案」に示されたように、「自衛隊」を「国防軍」にすべきだと言う。彼らの認識では、日本は本当の独立国ではない、半独立国だという認識が非常に強い。

安倍首相が尊敬してやまない岸信介は、一九五七年五月七日に開催された参議院予算委員会で、「核兵器という名前がつくだけで皆が憲法違反であるというが、そうした憲法解釈は正しくない。今後の発展を見ることなく核兵器という名がつくだけで、どのようなものも駄目だとするのは一律的に言うことはできない」と述べた。

それだけではない。同年の外務省記者クラブでの会見で、核武装合憲論を打ち出している。すなわち「核兵器そのものも今や発展の途上にある。原水爆もきわめて小型化し、死の灰の放射能も無視できる程度になるかも知れぬ」。そして「現憲法下でも自衛のための核兵器保有は許される」とまで言い切っている。筋金入りの核武装論者である。自主憲法制定促進国民会議を率いて憲法改正運動の先頭を走った岸の後を追うように、安倍もまた本音のところでは、核武装への道を模索している、といって間違いない。

核を持つことにより、軍事的なレベルで他国と対等になれる。それは軍事的なレベルだけでなく、精神的なレベルにおいても対等になれると思っているのである。

日本人の多くが、中国・北朝鮮の核は怖いと思っている。最も多くの核を持っているのはアメリカだが、アメリカの核を怖いと思っている日本国民はあまりいないのではないか。私は中国・北朝鮮の核よりも、アメリカの核の方が怖いと思っている。その威力、操作性、しかも日本の横須賀にはアメリカの核が配備されている。航空母艦にも飛行機にも核が搭載されている。首都東京の喉もとに核を抱え込んでいるのだ。

しかし、そういう認識がない。北朝鮮の核の能力は、アメリカに比べれば話にならない。そのGNPは対米比で〇・六％、軍事費も〇・五％に過ぎない。因みに、アメリカが保有する戦略核弾頭は約二一〇〇発、ロシアは二六〇〇発、フランスは三〇〇発前後、イギリスと中国が二〇〇発前後、インドとパキスタンが六〇発、北朝鮮は一〇発程度とされている。

憲法改悪の背景にあるもの

ともかくも独立国家への志向性が、安倍政権登場の背景にあるとするならば、それは実は非常に怖いものがある。自民党や、それを支える学界、官界、財界の中の改憲論者の中には、核武装して独立国家の道を歩むべしという発想・思考が根づいている。

次の参議員選挙（注・二〇一六年七月一〇日の第二四回参議院選挙）で自民党が大勝すれば、憲法改悪の動きが早まるだろう。自民党が二〇一二年四月二七日に発表した「日本国憲法改正草案」が、現行憲法に一挙にとって替わるということは、簡単ではあり得ないが、最大限の注意が必要である。

そして彼らが欲するところの独立国家とは、国家権力が好きなことをする社会、あるいは公共という名で私たちの自治の精神や、自由・平等の価値をズタズタに切り割いていく社会になるのではないか。このことが怖いと私は思う。

国家のみを信じて生きなさい、国家が提供する価値を最大の価値とみなしなさい、国家が示す模範とすべき人間像をサンプルにして生きなさい。そういう、先祖返りのような国家主導の社会への流れを、一気に強めようとしているのが安倍晋三という人物であるが、いうまでもなく、安倍晋三個人が良いとか悪いとかの問題ではない。安倍晋三ひとりで社会を変えてゆくわけではないのだから。

逆に言えば、今の日本の社会は、残念ながら市民の力が弱い。そのために強い権力を持った集団、国家が主導する社会にしていこうとする力が強く、その過渡期にある。一人の政治家としてそれをシンボライズしているのが安倍晋三という政治家だ。だから安倍晋三がまた「ドタキャン」しても、そういう社会へのルートができてしまえば、別の人間がいくらでも出てくるだろう。自民党の中には安倍的な政治家はいくらでもいる。たまたま安倍は、祖父や大叔父が著名な政治家であったため、名前を売らずにすんだから出てこれたのである。

第一次安倍内閣の罪

振り返ってみれば、安倍は第一次内閣で基本的にやりたいことの大方に手をつけていた。まずは教育基本法の改正である。これは「愛国心」ということを教育の現場でもっときちんと教えろ、国旗を掲げ国歌を歌えと、教育という公的な場で、権力が国を愛しなさいと強制し、あるいは政治的な脅しでもってやるのである。

「日本の国を愛せよ」ということは、他者から押しつけられるものではない。「国を愛せよ」という場合の「国」とか「国家」というのは、非常に抽象的な概念だ。「国とは何か」という問いには、私は言わば〝金槌《かなづち》〟のようなものだと説明している。すなわち、釘を打ち込む目的のためには、ふつう手段として金槌を用いる。私たちが持って生まれた「自然権」を護るために用意された金槌＝道具として国家がある。国家は決して目的ではない。因みに、自然権というのは、人間が、自然状態（政府ができる以前の状態、法律が制定される以前の状態）の段階より保持している生命・自由・財産・健康に関する不可譲の権利のことだ。なかでも人権は、自然権の代表的なものとされている。ジョン・ロック（John Locke 一六三二〜一七〇四）が、その代表的論者である。

道具でしかない国家が、自然権を否定し、あるいは抑制することは、近代国家の役割や位置を理解していないことである。そのような国家が登場することになれば、それを差し替えることは国民の当然の権利である。国民主権というのは、そのことを示した用語である。かつて明治の時代、「民権」と「国権」との論争が激しく展開された。自由民権運動の形をとって、それが現在の国会に相当する帝国議会の設置に結実した。

こうした考え方は、フランス革命以来、人民や市民といわれる人たちが中心となって築いてきた世界である。道具が威張ってはいけない。道具が「この釘はイヤだから」とか、道具が人間に生まれながらにして付与された自然権を抑圧しようとすることは、歴史に背くものである。近代憲法は、こうした思想をきっちり位置づけるものだ。その点からしても、自民党の改憲草案（以下「草案」）は、長い歴史のなかで培われた自然権を明確に書き表した日本国憲法をないがしろにし、否定するものであり、とうてい認めるわけにはいかない。

国家による国家のための「草案」

この「草案」についてはすでに多くのメディアも論じているが、いくつもの問題がある。まず全体像でいえば、この「草案」は近代憲法の精神と真逆の関係にあることである。

近代憲法は、権力から虐げられた人々を救済するために発案されたものである。世界で初めて作られた憲法は、一二一五年に作成された「マグナ・カルタ」（Magna Carta）で、「大憲章」と訳されるものであることは、良く知られている。その前文と六三条から構成される「マグナ・カルタ」のなかで、特に重要とされるのが、教会は国王から自由であると述べた第一条と、国王の決定だけでは戦争協力金などの名目で税金を集めることができない、と定めた第一二条とされる。

それはイギリスの封建諸侯がジョン国王に、王権の制限と諸侯の権利を確認させた文書で、後に国王の専制政治を戒め、国民の権利や自由を担保するための典拠とされてきたものだ。

これが現在のイギリスの憲法の主要な一部を構成している。一三世紀のことで、日本はまだ鎌倉時代だ。それ以来、イギリスは「マグナ・カルタ」を基に法律を作り、いわゆる「法治国家」となった。「マグナ・カルタ」には何が書いてあるかというと、国・王・国教会はこうあるべきだという国の仕組み、制度についてである。

つまりイギリスは、国王・議会・国教会・ギルド（資本家集団）の四すくみ状態が長らく続き、紛争を重ねて来たがゆえに、王や教会を凌駕する存在としての「国家」を創ることによって、国民の権利を守ろうとしたわけである。

フランス革命では、「市民」という言葉が生まれた。市民を中心とした社会を創るために「自由と博愛」の精神が提起され、それがフランス憲法に形を整えて現在に続いているわけである。つまり、憲法というのは、あくまで市民のための、市民によるものなのだ。

ところが自民党の「草案」は、国家による国家のための憲法となっている。だから私は、「草案」を〝第二の欽定憲法案〟だと呼んでいる。戦前の「大日本帝国憲法」が欽定憲法で、それは天皇が臣民に上から与えたものであった。天皇は国の親であり臣民は赤子《せきし》である。「天皇＝国」と、「民＝臣民＝赤子」という関係が作られた。かび臭い話とおもいきや、「草案」は〝第二の欽定憲法案〟と言うことができるものなのである。「草案」には、国家があって国民がある、国民の生き方や考え方は国が決める、社会の秩序とかありようは国が決める、国民は考えなくてよい、頭脳は国家だけでいいのだといった、まさに国民を愚弄する政治としか言いようのない発想に貫かれているからだ。

このような国家主義とは、国家にすべての価値を委ねることなのである。戦前、天皇を全ての価値の源泉《みなもと》と位置付けていた。たまったものではない。このような国に今、舵切りをしようとするのが、この「草案」である。ところがあまり危機感がない。なぜなのか。これが非常に大きな問題である。

なぜ疑問に思わないのだろうか。一つは、馴致。馴らされているからである。良く使われる喩えだが、カエルが冷たい風呂に入っている。最初は冷たいが、火をつけて温くなり気持ち良くなるが、徐々に熱くなっていくとついに風呂から出られなくなり、最後は茹で上がってしまう。馴れることの恐ろしさを言い当てた比喩である。

歴史認識を語らない指導者

先の戦争をどう総括するかという時に、安倍首相は「後世の歴史家に任せておくべきだ」と言うが、これはおかしい。世界のリーダーは「先の戦争をどう思うのか」という質問に対して自らの歴史認識を語る責務がある。

ここで有名な昭和天皇の発言に触れておきたい。一九七五年一〇月三一日、昭和天皇の初の公式記者会見の場で、記者が「戦争責任について、どのようにお考えでしょうか」と質問をした時に、天皇は「そういう言葉のあやについては、私はそういう文学方面はあまり研究もしていないので、よくわかりませんから、そういう問題についてはお答えできかねます」と答えた。

つまり、天皇はそのような質問には答えたくない、との姿勢を示したのである。戦争という大変凄惨な結果をもたらした具体的な記録が残る事実についての責任を「文学的なあや」の問題だと一蹴したのである。戦前において、最高権力であった昭和天皇の発言にしては無責任の誹りを免れないが、現在における一国の指導者となれば、さらに歴史認識について明確にする責任がある。

ところが、安倍首相は、二〇一三年四月二三日の参議院予算委員会の場で、先の戦争を侵略戦争と把握するのかの是非を問われて、「侵略の定義は学界的にも国際的にも定まっていない。国と国との関係でどちらから見るかで違う」という答弁を行った。当然ながら内外から厳しい批判が起きた。なぜならば、安倍首相の言う侵略の定義が定まっていないとの発言が、明らかに国際社会における常識とは著しい乖離を示していたからである。

事実は、一九七四年一二月に開催された国連総会の総会決議三三一四で、すでに「侵略の定義」は明確にされている。決議の第一条では、「侵略とは、国家による他の国家の主権、領土保全若《も》しくは政治的独立に対する、又は国際連合の憲章と両立しないその他の方法による武力の行使」であると明確に定義されているのである。この決議にもとづいて「侵略犯罪」を定義した国際刑事裁判所の「ローマ規程」改正決議も、二〇一〇年六月に全会一致で採択されている。また、国際連合憲章も第五三条で日本、ドイツ、イタリアがとった政策を「侵略政策」と規定し、その「再現に備え……侵略を防止する」としているのである。

この事実を安倍首相が知らないはずはない。国際社会で、いまや常識となっている侵略の定義を敢えて無視することで、あくまで日本の侵略戦争の歴史を否定しようとするのか。そうであったとすれば、まさに歴史と国際社会への挑戦と言われても仕方あるまい。この時の安倍首相の発言に対して、韓国の『中央日報』は、「日帝（日本帝国主義）の韓半島植民地支配が日本の視点では侵略ではないという意味に聞こえる。侵略の歴史を否定したい内心を表した詭弁といわざるを得ない」と厳しく指摘した（二〇一三年四月二四日付）。

安倍首相が「歴史家にまかせるべきだ」と言って、歴史認識を語ることを放棄したことだけとっても、政治家としての資質に欠ける。

もう一つは、多くの日本人にとって、先の戦争はアメリカに負けたものだという認識があるという問題である。アメリカの二発の原発によって聖断が下されたと。一方、アメリカも「大東亜戦争」を「太平洋戦争」という名称に変えさせた。そこにはすっぽりとアジアとの戦争、とりわけ中国との戦争が完全に抜け落ちている。

しかし、一九四五年段階において中国には約一九七万の兵力が展開していた。これに対して、アメリカを主敵とした西太平洋を戦場とする戦争には最大事に約一六〇万の兵士が投入された（第一復員局編『支那事変大東亜戦争間動員概史』復刻版、不二出版、一九八八年）。中国との戦争は一五年間続いた。一五年の間に日本が中国戦線で投入した軍事費は膨大な額に達する。圧倒的に戦力も軍事費も中国戦線に投入されていたのだ。

満州事変（一九三一年九月一八日）から日本敗戦（一九四五年八月一五日）に至るまでの戦争を一括りにして「アジア太平洋戦争」と呼称するが、その主要な戦場は、中国を中心とするアジアであった。『「日本は支那をみくびりたり」――日中戦争とはなにか』（同時代社、二〇〇七年）という私の本に書いたことだが、「この戦争はアジアに負け、中国に敗北し、アメリカに降伏した」のである。

対米従属構造からの脱却を

戦後、多くの日本人は、先の戦争はアメリカに敗けた、二度と敗北しないために、アメリカのような強い経済力、そしていずれは強い軍事力を持つのだ、と考えた。そのために、日本はアメリカに、経済的にも政治的にも事実上従属することを決めたのである。ある意味では文化的にもそうである。現在に続く、戦後の国体といえる日米安保体制によって、戦後復興から高度経済成長、そして頑強な保守政治体制が構築されていった。

アメリカというジンベイザメの腹に付着して遊弋するコバンザメのように、アメリカの動く通りに動いてさえいれば日本は安全だと。そういう他者依存型、従属型の国の体質を身につけてしまった。そういう体質からどう脱却するかが今問われている。それは、保守も革新も、ある意味では共通の課題ともいえる。歴代の自民党政権も安倍政権も、異常なまでの対米従属の実態を隠蔽するために、日米同盟の強化を繰り返し口にする。現状のままで日米同盟の強化は、対米従属の強化に他ならないのである。

平和を求める私たち市民は、日本国憲法をあくまで護り活かし、あくまで多国間等距離外交を貫いて、いつかはヨーロッパ共同体（ＥＵ）のようなアジア共同体を構築する展望を抱きつつ、当面は国家間の垣根を低くしていくことに全力を挙げることを目標にしたらどうか。

アジア諸国間には、深刻な経済格差、安全保障観の差、体制の相違、文化や習慣の差異などが歴然として存在している。日本国憲法は、こうした差異から来るあつれきをも克服する努力を、日本国民に課しているのではないか。その努力の向こうに、平和な国際社会を創出する責務があるのだと教えているのではないか。

現行憲法の歴史認識は、先の戦争が「侵略戦争」であったと明確に言い切り、その反省にたって平和な社会づくりに邁進することによって、国際社会から信頼を獲得しなさいと叱咤激励しているのであると私は考えている。その憲法を変えるということは、「先の戦争は侵略戦争ではなかった、アジア解放の戦争であった」という形で、あの侵略戦争の本質から目を逸らすことになる。歴史の真実に目を背けて、信頼される国を創ることは不可能であることは論を俟たない。

過去の歴史にきちっと向き合うということに、きわめて億劫になっている一般の国民も多い。戦争国家とは、他者を虐げて大人になろうとしない、卑屈な精神を宿す危険な国家である。そんな精神が、なにゆえ生まれてしまったのか。平和を志向し、心穏やかに、家族に向けるのと同じような慈しみある精神が、なぜアジアをはじめ、国際社会に対して向けられなかったのか、そこが大きな問題だと思う。

戦後最大の改憲の危機を迎えている現在、私たちはあらためて日本国憲法が生まれてきた背景に思いを据えつつ、そこに込められた平和実現の理念を改めて確認するときである。繰り返しになるが、近代憲法は国家を監視し、国家が人権侵害や戦争を引き起こそうとすることを阻止するためにある。自民党の憲法草案は、「憲法」によって国民の権利を縛ろうとするものであって、その憲法認識は近代憲法の役割と真逆のものだ。自民党や安倍政権が強引に進める改憲政策は、安全保障問題、日米関係、憲法認識を含め、国民の真っ当な判断を歪めていく。中国の軍拡や北朝鮮のミサイル発射実験や核実験・核保有などの問題に、過剰なまでに扇動的な対応に終始しながら、軍拡と海外派兵への道を進んでいる。

日米安保を廃棄し、日米平和条約への転換を模索するなかで従属性から脱し、本来の独立国家としての主権性を取り戻すことをまず優先すべきだ。それが責任ある政治のありようだが、現状は、権力者たちの罠が、メディアへの統制や検閲と動員という手法を用いて、いたるところに張りめぐらされている状態である。多くの国民は合点がいかないままに、大きな政治の流れに身を委ねざるをえない状況に追い込まれているのではないか。政治的なプロパガンダの攻勢に圧倒されてしまっているのが現実である。網の如く張りめぐらされたこの罠を見つけ出し、そこから抜け出し、それを潰していかなければ、私たちの未来は展望できないところにきている。

（二〇一三年七月一一日　山口市での講演に加筆）

3　平成の「非立憲《ビリケン》」内閣を切る――歴史から学ぶ共闘することの意義

戦後政治を否定する安倍政治

安倍晋三首相は立憲主義を頭から否定し、私たちの先達が戦後営々として創り上げてきた戦後政治のあり方や、平和や民主主義的価値を根底からひっくり返してしまった。それは、もはや暴挙と言うしかない。

安倍政治の目標は、「戦後レジームからの脱却」だという。しかし、私にはそれが「戦前レジームへの回帰」を意味するとしか思えない。戦後においては、どんな政権であろうとも、決して曲げてはならない基本的な価値、現行憲法がある以上、譲ってはならないある種の掟のようなものがあったはずだ。改憲政党でもある自民党政権下で、文字通り憲法改正に向けた言動を繰り返す政権がなかったわけではない。しかしそれでも、安倍首相のように立憲主義の立場を大きく崩そうとすることはなかった。

基本的人権の尊重・国民主権、平和主義というのが、私たちが教科書などで学んできた戦後憲法の三大主義である。まずはこれを守り抜くことが立憲主義だ。言葉を変えて言うと、例え自民党が多数の議席を占めようとも、仮に衆参両院の全議席を自民党が取ったとしても、現行憲法がある限り、憲法に定められた価値は曲げてはいけないのである。逆に言うと、現行憲法は多数決の横暴を許さないシステムを用意しているのである。

憲法がなぜできたか、ここで教科書的に説明する必要はないと思うが、過去の歴史の道筋を明らかにする限りで、少し触れておきたい。

戦前の日本の政治は疑似民主主義だった。ある意味では張り子の虎の民主主義だった。戦前にも民主主義とかデモクラシーという言葉はあった。「大正デモクラシー」というのも、その当時はやった言い方だ。

しかし、大日本帝国憲法（明治憲法）は、今私たちが持っているような三大主義に立つものではなかったため、権力は国民に対して横暴の限りを尽くし、国外に向けて侵略戦争をやってしまった。今、私たちが戴く立憲主義とは、まず戦前の教訓を十分に踏まえたものであり、ある政党が多数を占めたからといって揺らぐことはないはずである。民主主義は多数決原理とよくいわれるが、それは間違いだ。多数決で権力を握ったものに対して、有権者国民が縛りをかける、そのことを担保したものが立憲主義であり、現行憲法の精神、理念である。私たちは、この憲法を戴くことによって、侵略戦争への反省と平和への誓いを世界に発信した。その誓いを、なぜ安倍首相は破ろうとするのか。

議会も国民も無視した寺内内閣

ここで一気に、一世紀ほど前の立憲主義に絡む歴史の事実を取り上げてみたい。

戦前にも非立憲内閣が登場したことがあった。その内閣を組織した人物は、一九一六年一〇月九日に陸軍大将から第一八代内閣総理大臣に就任した寺内正毅《まさたけ》だ。「超然内閣」として厳しい批判に晒され、寺内の頭の形が当時人気のあった人形のビリケンに似ていたことから、当時のマスコミは「非立憲《ビリケン》内閣」と揶揄したのである。

もちろん、帝国憲法は今と比べれば制約的な憲法であった。しかしそれでも、とりわけ大正時代には、立憲主義・議会主義的な運用といえる内容はあった。立憲政友会、憲政会（のち民政党）など、現在の自民党につながる大政党もあった。憲法をいわゆる立憲君主制的に解釈し、平時においては立憲主義が実体化されるべきだ、という考えが有力であった。帝国議会や政党を中心に、近代的な政治の進め方をしようということが、意思一致されていたのである。

ところが寺内首相は、帝国議会を無視し、当時は臣民といわれた国民の意向を無視した政治を強行しようとした。帝国議会を軽んじる発言や、政策の断行を敢えて試みたのである。最も有名なのが、国民の強い反対を押し切って行ったシベリア出兵である。一九一七年のロシア革命を潰すための派兵の強行だ。

一九一八年に第一次大戦が終わったばかりで、戦争は懲り懲りという声は国民に渦巻いていた。けれども寺内内閣は、そうした声を無視して、ロシア革命を潰さなければ、日本が赤化するおそれがあり、天皇制も危ないなどと理由をつけた。加えて米価の高騰を契機に富山県魚津村（現在の魚津市）で始まり、全国に広がった米騒動が起きた。寺内内閣は、これに対して軍隊を出動させて鎮圧しようとした。これが寺内内閣総辞職の原因となった。

こういった寺内首相と同じような政治手法を持った人物が安倍首相だ。安倍首相は、寺内首相と同郷の山口県出身ということになっている政治家だ。安倍内閣は、まさに平成の「ビリケン内閣」ではないか。

憲政常道論を説いた吉野作造

寺内内閣の議会主義・立憲主義蹂躙に対する反動が起きた。それが大正デモクラシーと言われるものである。現代と比べれば多くの制約があったが、寺内内閣を潰せという声が、国民運動として拡がっていったのである。その基調はデモクラシー、すなわち民主主義を日本で取り戻そうということだった。

その旗手とみなされたのが、教科書などで「政党内閣の創設者」と呼ばれる原敬で、寺内の次に首相になった。彼は平民宰相とも言われ、爵位を持たない初めての首相だった。寺内があまりにも酷かったため、当時のマスコミや世論も原を支持した。当時、原をサポートした学者が、民本《みんぽん》主義を唱えた吉野作造（一八七八〜一九三三）である。東京帝国大学の政治学の教授であった吉野は、日本にも民主主義を根付かせなければいけないと考えていた。

「民本主義」といういい方は、当時の帝国憲法下で国民は天皇の臣民であり、民が主権者になることはできない。そこで民主主義ではなく「民本主義」と呼んだのである。それはいわば日本型デモクラシーだが、議会で多数の議席を取った政党の党首が首相になる、その意味で有権者にベースを置くのが「憲政の常道」だという論を説いた。

大正のビリケン内閣の後には立憲主義を掲げた政治家が登場したわけだが、「安倍ビリケン内閣」の後に本当の立憲主義政党が政権を取ることはできるのだろうか。寺内の時代は、安倍自公政権の時代とよく似ている。民主主義的な手続きを無視する空気が横溢し、強権を発動して、国民・有権者が求めていないことを強行、実現してしまう。もう一人の〝寺内首相〟が再登場したのか、という既視感さえ安倍政権には感じてしまう。

同盟関係が招く戦争

日露戦争のころ、「火中の栗を拾う」と題した風刺画があった。ロシアが栗を焼いていて、英国に背中を押されてその栗を拾いにいく日本がいる。英国の背後には米国がいる。日露戦争は何だったのかということを説明する時に、よく使われた絵だ。一九〇四年に始まった日露戦争は、日本とロシアの戦争であると学校で習うだろう。しかし、背景にはいろんな事情があった。当時、ロシアは英国植民地のインドを奪おうとしていた。いわゆる南下政策で、これを英国は阻止したかった。

しかし、英国とインドは遠い。南アフリカではボーア人の反乱があり、戦争の最中だった。この戦争は一九〇二年に終結するが、イギリスには東洋の地に派兵する余力もなく、同年一月にイギリスはロシアを牽制する目的で、日英同盟を締結したのである。この同盟関係を作り上げるうえで、日本に軍事資金を与えて日本とロシアを戦わせ、日本がロシアに勝つことはなくても、ロシアを消耗させインドに差し向けるべき兵力が無くなるだろうという思惑があった。

当時の日本では、アジアの小国が英国と同盟を結んで貰える、これで一等国の仲間入りだという話で、日英同盟に反対する世論は非常に少なかった。政府内には伊藤博文のように、英国の狡猾な考え方は危険だから、日本はむしろロシアと結んで英仏米と対抗する方が合理的だ、という意見もあった。いわゆる「日露協商」論である。しかし、山県有朋たちは、「日英同盟」論を強く主張し、両者は激しくぶつかり合うが、結局は日英同盟締結となった経緯があった。

日露戦争では、一〇〇万人もの兵士が動員され、うち約一割にあたる一〇万人ほどが戦死する。死傷率は三〇%ぐらいにもなった。それでも一九〇五年のロシア革命があって、敗北を認めないままロシアが撤退する。日本は一銭の賠償金も取れなかった。要するにこの戦争は、日英同盟のもとで日本がロシアと戦わされた戦争だった。つまり、実質的には〝英露戦争〟だった。日本はイギリスに代わってロシアとの戦争を強いられたという側面を注視しなければならない。

今、日米同盟によって日本が米国の代わりに中国と戦わされようとしている、という想像力は不可欠である。少なくとも、日本はアメリカの代わりに、中国を正面で牽制する役割を担わされていることは確かだ。ここで「日英同盟＝日米同盟」と「日露戦争＝日中戦争」という対比を生じさせないことが求められている。歴史に範を採りながら、戦争を派生させる同盟関係の危険性を指摘しておきたいのである。

もう一つの歴史事例も取り上げておきたい。それは、一九四〇年の日独三国同盟と対英米戦争との関係である。この時、ドイツは米英と戦争せざるを得なくなっていた。そこで日本が英国の植民地、例えば現在のシンガポールで戦端を開いてくれると、英国もそちらに戦力を裂かれて、ドイツの戦争がやりやすくなると考えた。それで、日独伊三国同盟締結を日本に提案したのである。

このときも日本国内には、ドイツと手を結べばアメリカとの戦争を回避できなくなる、という理由で反対する議論もあった。しかし、陸軍の主流は、強国ドイツと手を結べば、アジアにおいても中国を簡単に制圧できるとして賛成した。その時の同盟推進者たちの言い分は、同盟がアメリカへの牽制になるので、アメリカは日本に経済制裁などの手出しをできなくなるはずだ、というものだった。しかし、その読みは完全に外れた。一九四一年一二月八日、対米英の戦争が始まる。戦争をあえてせざるを得なくなった背景に、日独伊三国同盟がある。

さらに戦後の世界でも同様の事例がある。韓国は一九六〇年代、ベトナム戦争に参戦した。当時の朴正熙《パクチョンヒ》大統領が米国との関係強化のため、米国の指示に従って、延べで約三二万人もの国防軍をベトナムに送ったのである。結果的に約五七〇〇人の韓国青年が命を落とす。多くの負傷者や精神を病む人も出て、長い間社会問題になった。これも集団的自衛権が引き起こした。当時、韓国とベトナムの関係が悪化していたわけではない。

日露戦争も日米英戦争も韓国ベトナム戦争も、要するに同盟関係を背景とする集団的自衛権の行使としての戦争に追い立てられたものである。自動参戦という言葉がある。そこに戦争があるから、行って来いといわれて行ってしまう。これが集団的自衛権で、それを法律で示したのが安保関連法だ。

戦前期日本においても権力者たちは、日英同盟締結により日本国民に一等国意識を植え付け、権力への支持と同調を獲得しようとした。既述の通り、日独伊三国同盟締結によってアメリカを牽制すれば、中国を一気に制圧することが可能だとして同盟締結を強行した。そこには、戦前においても権力者たちの罠が企図されていたのである。その罠に多くの国民がからめとられ、合理的根拠のない理由で戦争へと動員されていったのである。この轍を二度と踏んではならない。

アメリカで台頭する沖合均衡論

ところで安保関連法は、日本を臨戦国家に押しやるという意味でも間違いなく〝戦争法〟と呼ぶべきものである。ならば、アメリカや中国を含めた、現在におけるアジア地域の安全保障環境は、いったいどうなっているのか。安倍政権が繰り返し誇張するように、アジアの安全保障環境は、本当に変わったのか。変わったというのなら、どこがどう変わったのか。それによっては、安保関連法の見方も当然ながら変わってくる。

ここで現在における米国の軍事戦略、あるいは米国の将来構想がどうなっているのか、簡約しておきたい。先に結論をいえば、米国はアジアから撤退する可能性が出てきたということである。もちろん、日本や韓国に展開する軍事基地・施設や配置兵力が、アメリカ本国に全て撤退するという意味ではない。物理的には部分的な撤退もあり得るが、兵力展開の量から質への転換と言った方が正確かもしれない。問題は、量的削減を補完する日本や韓国の役割期待の増大である。安保関連法は、そのアメリカの要請に対応したものであった。

今、米国の最大の軍事的な相手国は中国である。米国の国防費は円に換算すると、年間五〇～六〇兆円、中国はその半分の二〇～三〇兆円とされる。米国が中国にどう対峙しようとしているかというと、「統合エア・シー・バトル構想（Joint Air-Sea Battle concept=JASBC）」、すなわち海上戦力と航空戦力で中国を抑制しようとするものである。

一方の中国も、これと基本的には同質のものである「接近阻止・領域拒否」（Anti-Access/Area）戦略によってアメリカと対峙しようしている。これは、台湾とフィリピンの間に位置するバシー海峡から西沙群島に至る、いわゆる「九段線」に防衛ラインを敷き、そこをめぐって米国と日本と中国がせめぎ合いをしている状況だ。中国は、この防衛ラインを突破されると本土が危ないとして軍事基地を設営し、滑走路やミサイルランチャーを置いていると見てよいだろう。「九段線」（Nine-dash Line）は、U字線などとも呼称され、一九五三年以降、中華人民共和国がその全域にわたる権利を主張するために地図上に引いている破線を示すが、国際的に全面的に認知されているわけではない。

そういう中で米国は「エア・シー・バトル」戦略によりグアム、沖縄、岩国に軍事基地を展開している。近距離に戦力を配置し、いつでも中国に軍事的圧力をかけられる体制を採っている。これは非常に費用がかかる。米国は経済的に劣化状態にあり、五〇～六〇兆円という国防費を、未来永劫続けることはできない。

そこで今、米国内で起きているのが、「エア・シー・バトル」戦略見直しの動きだ。それに代わって、沖合に出て中国を叩く「沖合均衡戦略」、英語でいえば「オフショア・リバランシング」（Offshore rebalancing）の検討が進められている。日本のメディアはまだあまり取り上げていないが、クリストファー・レイン（Christopher Layne）の『幻想の平和――一九四〇年から現在までのアメリカの大戦略』（五月書房、二〇一一年。原題は"The Peace of Illusions: American Grand Strategy from 1940 to the Present"）が詳しい。レインは米国の軍事戦略を考える上で有力な一人だ。米国は中国に近づき過ぎている、紛争に巻き込まれるかもしれない、カネもかかり過ぎる。そこで出てきたのが「オフショア・リバランシング」戦略だ。

横須賀を母港にした米第七機動艦隊は、強大な戦力だ。米軍岩国基地もエセックス級強襲揚陸艦が接岸できる港を持つが、米国内では、第七艦隊も昔の大鑑巨砲主義に似て、あまり意味がないという議論になっている。平時には艦隊を引いて、日本と韓国の軍事力を使う。いつもは同盟国にやらせて、本当に危ないという時になって米国の機動部隊を展開する。航空戦力なら一、二日、海上戦力で一週間あれば駆けつけられる。そういう議論は最近始まったわけでなく、一貫してある。

アメリカは日本、韓国の軍事力を使いたいので、集団的安全保障への踏み込みを日本に迫った。安倍首相はそれに乗ってしまった。安倍首相はアメリカの戦略をどこまで読み解いたうえで、外交防衛政策を展開しているかわからない。非常に近視眼的な戦術論に終始していて、長いスパンで日本の平和外交なりを展開する戦略的な観点が余りにも乏しい。外交が得意だ、といっている割には。

ところで、これに関連して、大いに注視しておかなければならないアメリカの動きがある。アメリカの高官のなかに、中国と対抗するためには日本が核武装しても構わない、という議論が本格化していることである。

これを承ける形で、二〇一六年三月一八日に、横畠裕介内閣法制局長官は参議院予算委員会の場で、民進党（当時民主党）の白眞勲議員の「核兵器の使用は憲法違反に当たるのか」との質問に対し、「わが国を防衛するための必要最小限度のものに限られるが、憲法上あらゆる種類の核兵器の使用がおよそ禁止されているとは考えてない」とし、さらに他国での核使用に対しては、「海外での武力行使は必要最小限度を一般的に超えると解している」と述べた（『第一九〇回国会　参議院予算委員会議事録』（二〇一六年三月一八日、一五頁）。

現行の憲法でも日本の核武装は可能だとし、海外での使用については憲法の枠外だと論じたわけである。ここでのポイントは「憲法の番人」と称される歴代の法制局長官が、国会内という公式の場で日本の核武装は憲法違反に該当しない、という判断を明言したことである。

これは大きな問題だ。メディアはほとんど取り上げなかったが、この横畠発言を裏付けるように、四月一日には、現行憲法下でも核武装できるという答弁書を閣議決定している。ちょうど、安倍晋三も出席したワシントンの核安全保障サミットが開催されている時期に、日本政府は「核兵器の保有、使用を禁止していない」という答弁書を閣議決定したのである。安倍内閣は核武装容認に前のめりになっている。

日本は一カ月で核ミサイル保有国

今、日本には四四トンものプルトニウムが備蓄されている。長崎に落とされた原爆のプルトニウムの量は二〇〇～二五〇キロだから、何発分になるか。それに、日本は長さ五〇メートル近い、核運搬手段になりうるロケットを持っている。今でこそ頭部には気象衛星などの人工衛星を積んでいるが、ここに核をつければ大陸間弾道ミサイル（ＩＣＢＭ）になる。スウェーデンのストックホルムにある国際平和研究所（ＳＩＰＲＩ）が、毎年出している『ミリタリーバランス』では、日本は極めて有力な潜在的核兵器保有国としてカウントされている。また、中国も世界一流の核融合技術を持つ日本が、核兵器を保有する可能性に警戒を強めている。

要するに、核政策を変えれば、日本は間違いなく核ミサイルを持つことができる。非核三原則があるから持たない、持ち込ませないことになっているが、安倍首相が非核三原則にも手を付けようとしていることは明らかだ。武器輸出三原則を換骨奪胎したように、非核三原則もあれこれ理由をつけて変えようとしている。憲法改悪をしてしまえば、そういう結論になってしまうのではないか。

安保関連法は成立したものの、まだ完全には発動されていない。ところがいま南スーダンに派遣されている陸自隊は一一月に交代期を迎え、北海道第七師団の三五〇人から、青森の第九師団の第五普通科連隊三五〇人に替わる。その時に安倍内閣は防衛相に命令して安保関連法で決まった駆けつけ警護を発動実施する構えだ。今までは、派遣された自衛隊員は交戦できず、武器使用に厳しい歯止めがかかっていた。今までは他国の軍に守ってもらいながら水道整備、病院建設、道路舗装などをやっていたが、今後は紛争に巻き込まれたら撃っても良いということになっている。

こんなことは予測したくないが、一一月に派遣される第五普通科連隊の中から、犠牲者が出るのではないか。それだけでなく相手を撃ち殺す隊員も出る。そういう事態がそこまで来ている。

憲法と安保法、深刻な矛盾

ここには非常に大きな問題がある。日本国憲法はまだある。そして、憲法九条は交戦権の放棄を明記している。一方、安保関連法では武器使用と書いてある。例えば、自衛官が相手を撃ち殺したとする。これは交戦だから良いのではと思うとすれば、それは違う。憲法は交戦を否定している。しかし、自衛隊員が武器使用することは認める。つまり、人を殺せば自衛官の責任になり、国の責任にはならない。政府は現行憲法が「武力行使」を禁じているため、敢えて「武器使用」という用語で、使用権限を自衛官個人に委ねる形式を採るのである。極めて無責任であるといえる。

自衛官は、国の命令で派遣されている。その自衛官が武器を使用して相手を殺してしまったとする。まず殺人罪に問われることになる。日本と米国との間では地位協定を結んでいて、米軍の軍人が罪を犯した場合の第一次裁判権、つまり警察権は米国にあって、日本の警察は手が出せない。もし、南スーダンと日本の政府間で、これと同じような地位協定を結んでいなければ、南スーダン政府の警察権が及ぶことになる。自衛官がもし南スーダンで、兵士であれ民間人であれ、殺害すれば南スーダンの警察権によって裁かれることになる。

そういう事態が、今起きようとしている。自衛官の生命保障が全くなされていないまま、紛争地域に派遣されてしまう。自衛隊員のご家族からすればたまったものではない。

自衛隊員が亡くなれば政府は弔慰金を用意する。明言はしていないが、階級によって異なるものの、一億円前後の金額が検討されているはずだ。さらには危険手当も出す。しかし場合によっては南スーダン政府の警察に捕まって裁判にかけられることも論理的には考えられる。今南スーダンは、大統領派と副大統領派が対立し、内乱状態にある戦場だ。ＰＫＯ五原則からも完全に逸脱している。そこでは、今述べたような不条理が起きかねない。

稲田防衛相の言葉ではないが、血を流す覚悟どころか、自衛官の血を流させてまで、安倍政権は何を得ようとしているのか。米国の信用つなぎのために、自衛官の血を流すのか。外交官はいろんな紛争地域、混乱地域にいる。しかし外交官は、国際法で保護されている。しかし自衛官は国際法によっては守られない。劣悪な状況に追いやられてしまう。それが現実だ。

近代憲法を否定する自民党改憲案

安倍首相は、なぜそこまでして憲法を変えようとするのか。自衛官を犠牲に追いやってまで、なぜ、この国のかたちを根底から変えたがっているのか。自民党の憲法改正草案を読めば、その大きなヒントが浮かび上がる。

二〇〇五年一二月四日、私は、日本国際安全保障学会に呼ばれて報告をしたが、その時の司会が佐瀬昌盛・防衛大名誉教授で、私の隣で同じく報告者だったのが、百地章教授だった。私は、憲法九条を活かすためにどうしたらいいかを話したが、百地教授の話は、日本の憲法を変えて独立国になるためにはどうしたらいいかということだったと思う。国際安全保障学会は、従来は防衛学会といっていたもので、会場には現職の陸海空自衛隊の幹部が制服姿で並んでいた。異様な光景だったが、面白いところに来たなという印象をもった。この百地教授が中心となって「日本国憲法改正草案」を作ったといわれている。

この改憲草案の問題はたくさんある。現行憲法の前文は、なぜこの憲法ができたのか、当時の言葉で書かれている。抽象度の高い文章だが、どういうスタンスで今後日本が世界と向き合い、信頼を勝ちえ、平和主義の精神を実現していくかが書かれている。ところが、改憲草案の前文は非常に短く、理念も精神もない。上っ面のことしか書いてないのである。そして前文の最後は、「日本国民は、良き伝統と我々の国家を末永く子孫に継承するため、ここに、この憲法を制定する」とある。

こんなことは、近代憲法の中に書かれるべきものではない。近代憲法は、立憲主義の精神に則り、権力を縛るためのものである。国家は、人権破壊者の最たるものであるから、憲法によって権力の横暴（その最たるものは戦争）を許さないよう、タガをはめているのだ。改憲草案はその意味で近代憲法の体をなしていない。

そして同時に、国際社会にあって日本国民は、どういうスタンスで臨むのかが書かれないといけない。しかし、それも全くない。

第二章、これは今の憲法では「戦争放棄」だが、改憲草案では「安全保障」になっている。ここに九条の二が加わり「内閣総理大臣を最高指揮官とする国防軍を保持する」となる。しかし、軍法、あるいは軍法会議を作るとはどこにも書いてない。今、国防軍を作れば核武装するだけでなく軍法会議も作る、軍法も作る。その向こうには徴兵制も敷かれることになるかもしれない。

一番大きな問題は、新設される緊急事態条項である。これは現行憲法にはないものだ。安倍内閣は、熊本地震があった時にも、緊急事態法があればもう少し被害の広がりを食い止めることができたと言った。法律の条文に何か書き込むことより、日常的に、いかに震災等に備えるかという態勢がなければ意味はない。地震は単なる出汁に使われているだけだ。本音は戦争、あるいはそれが起ころうとした時に、基本的人権を潰して言論を抑圧し、戦争遂行を円滑に進めていくため、憲法を停止することができるいう条項を、その憲法の中に組みこんでいこうとするところにある。そのために、緊急事態条項が必要だと言っている。この条項は明らかに、憲法自身の自己否定であり、非常に大きな問題がある。

改憲草案の第九九条には、「内閣は法律と同一の効力を有する政令を制定することができる」と書いてある。緊急事態になれば、内閣が好きなように法律を作って国民の人権を奪うこともできるということだ。

「政府は戦時に際し、国家総動員上必要あるときは勅令の定むる所により、帝国臣民を徴用して総動員業務に従事しむることを得る」。これは「国家総動員法」第四条の条文だ。必要があるときは、勅令、つまり天皇の命令で好きなように日本国民を戦争に動員できる。緊急事態条項はこれと同じだ。ひょっとすると、憲法改正の一番の目的は、この緊急事態条項を盛り込むことではないかとも思われる。緊急事態条項で、自衛隊を国防軍化することもできるのだ。

大江志乃夫『戒厳令』（岩波新書、一九七八年）は、戦前における緊急事態法としてあった「戒厳令」は、トランプのジョーカーに似て、絶対的権能を有する危険な存在であるとした。ナチスが作った「授権法」と同じである。「授権法」（Enabling Act, Ermächtigungsgesetz）とは、国家における非常事態などの発生に際し、立法府が行政府やその他の国家機関に対して、一定の権限を授権する法律である。

ヒトラーもこれによって、好きなように戦争を進めた。ドイツ共産党（ＫＰＤ）もドイツ社民党（ＳＰＤ）も封じこめられてしまい、政敵は全部獄につながれた。そういう権能を安倍首相は、持ちたいと思っているかもしれない。

緊急事態条項のような近代憲法を全否定する条項を持ってくることを、憲法の議論としてしようという発想自体が、無茶苦茶なやり方だ。私たちの命は、国のためにあるのではない。

南スーダンで自衛官に犠牲者が出れば、日本国民はどういう反応をするだろうか。憲法の裏づけを得て、憲法を変えてきちんと自衛隊員を送り出そうという声が出るのか、安保法制を廃止して今の憲法を護り、人間の命を守り抜く政治をつくろうという声が出るのか。私たちの正念場は、まさにこれからだ。

（二〇一六年九月三日　広島での講演に加筆）

【追記】

その後、ＰＫＯ部隊の第一一次隊である第九師団第五普通科連隊を中心とする約三五〇人は、予定外の早期撤収が決まった。安倍政権は、充分な撤収理由も明らかにしていない。本年（二〇一七年）五月一九日に第一陣が青森に帰還したのを皮切りに、同月末までに撤収を完了した。幸いに犠牲者は出なかったものの、派遣されていた一人の自衛官が帰還後に自殺している。派遣期間中には、派遣地の紛争状況をめぐり現地部隊報告と政府答弁の乖離が明らかとなり、「ＰＫＯ参加五原則」を大きく逸脱する事態があったのではないか、と政治問題化した。あらためてＰＫＯ派遣の問題性が検証されるべきであろう。

選挙戦に臨んで——「おわりに」にかえて

本書では直近の問題としてある共謀罪の背景と意図、そして、国民動員体制としての国民保護法に触れつつ、同時に自衛隊の現状と、暴走を重ねる安倍政権の危うさを憲法改正問題などに絡めて論じてきた。そこに通底する私たちにとっての課題は、依然として本来の民主主義や平和主義が血肉化していないことだ。それゆえに、自衛隊の「国軍化」の動きにより軍事主義が台頭し、安倍暴走政権によってそれに拍車がかけられているという現実だ。

私は一介の研究者として、長年、軍事主義と民主主義とが果たして共存可能かについて、「政軍関係理論」を踏まえつつ、分析・論述してきた。

本書でも論じたように、軍事主義と民主主義とが共存することは極めて困難であるが、何よりも私たち「文民」(civilian)の主体性が確保されない限り、いつかは軍事主義が横溢し、軍事社会になってしまうという歴史を知っている。しかし私に言わせると、安倍首相は「文民ミリタリスト」である。つまり、この時点ですでに日本の政軍関係は、極めて危険な水域に入っているのではないか、というのが私の結論である。

そうした思いは日々募るばかりである。こうした現実をいかにして克服し、私たちの主体性を取り戻すことが可能か、多くの市民がこの間考え、行動してきた。その一つとして、直接的には安倍政権への批判を行動に移そうとする運動が、この一年の間にも高揚してきた。その動きのなかで、私も大学を飛び出して、国政に関わる決意をした。これを本書の書名でもある『権力者たちの罠』に絡めて言えば、メディアを統制し動員し、ポピュリズム政治によって国民を罠に追い込む手法を、何としてでも阻んでいきたいという思いがあった。

一介の教育者・研究者としての限界を自覚しながらも、その一方では多くの学生たちに立憲主義の尊さを営々と説いてきた過去の経緯もあって、私自身、ある意味当然の行為として現実の政治の世界で発言する機会を得ることによって、権力者たちの罠から私たち自身が解放されなければならないという、ある意味で切羽詰まった思いもあった。全く思いもかけないことであったが、国政への出馬の機会を与えられて、こうした思いが、出馬受諾へと結果したのである。

ここでは「おわりに」かえて、私の出馬体験を記録に残しておきたいと思う。

出馬動機の背景

二〇一六年七月一〇日に実施された第二四回参議院選挙において、私は、民進党・日本共産党・社民党の野党三党に加え、市民連合らの仲間たちに支えられて、山口選挙区から選挙戦に臨むことになった。まず、私自身がいかなる思いで出馬し、いかに選挙戦に臨んだか、その一端を記しておきたいと思う。

このときの参議院選挙では、全国三二の一人区の全てに統一候補が出馬し、一一の選挙区で統一候補が勝利するという、戦後日本の選挙史においても画期的な成果を得た。立憲主義を否定し、「日本をして戦争のできる国」へと大きく舵を切り、現行憲法をも葬り去ろうとする現政権と、今日の政治への怒りが全国に大きなうねりを引き起こした。先にも触れたように、平和と民主主義の実現に向けて、また自衛隊問題や安倍政権など現代政治における課題について、懸命に発言してきた私には、出馬要請を拒む理由はなかった。残念な結果に終わりはしたが、これは小さな敗北に過ぎない。大きな勝利のための第一歩が、多くの支援者と共に深く刻まれた瞬間であった。

二〇一六年四月七日の出馬記者会見で、私は、出馬の動機を次のように述べた。

私は三〇年間、大学人として、ある意味、大学しか知らない人間です。もちろん政治学者として日本の政治経済、外交、あるいは地域経済について言論人としての役割を果たさせていただきました。その私が政治の場に足を踏み込むことに対しては、ある意味では苦渋の選択でありました。

しかしながら、昨今の立憲主義を否定する安倍政治、大企業中心のアベノミクス、こうした結果による県内の不況。いろいろな問題が生じている。大学人の立場から、物を申し上げているだけではいけない。三〇年間、私なりにがんばってきたことを完結する意味でも、このような要請を受け、この山口から日本を変える礎になることを決意いたしました。苦渋の選択ではありましたけれども、一〇日間、時間を頂きました。（中略）

この度は県民の方々から出馬要請を受けました。民進と共産と社民の方々から一月一八日に大学にお越しいただきまして、大変深い議論をさせていただきました。お三方は本当に信頼でき、この山口を、この日本を心の底から憂いている。そのことを痛感いたしました。この方々となら、私は踏ん張れる、闘うことができるという熱い思いをいただきました。（中略）

私の政策、決意を三点にまとめさせていただきました、三党の政策に一致点を見出すことができました。何といっても崩れゆく日本の立憲主義。これに歯止めをかけたい。昨年の安倍内閣による集団的自衛権行使の容認は、これまで内閣が了解してきたことと真逆の判断をする、まさに立憲主義、立憲政治を否定する暴挙であります。「民主主義とは何ぞや」ということを若い学生に大学で教えて来た私の立場からすれば、「その民主主義を否定する政治を許しておくならば、一体、自分は（大学人として）三〇年間何をしてきたのだろう」という熱い思いをいただきました。

立憲政治、立憲主義が担保されてこそ、日本の成熟した民主主義が期待されるわけです。成熟した民主主義なくして、私達の自由・平等・自治、この精神は実現するわけはありません、その意味で、第一に立憲主義を取り戻し、暴挙のなかの暴挙である安保関連法の廃止を誓いたいと思います。

いうまでもなく安保関連法は、直接の紛争国でもない国に戦争を仕掛ける、文字通り、私たちの安心・安全を否定するものです。力による平和が本当の平和であるわけがありません。暴力の連鎖を生みだし、あまたの不幸と、そして災いを呼び込むものにすぎません、そういう意味で、いまの日本を覆う安保関連法に対する危惧の念、政府の言う「安心・安全」は、危険と不安を招くものにすぎない、そういう思いを支持者のみなさまと腹の底から共有しております。これが第一点であります。

第二点は、この県下におきましても、この日本におきましても、少子高齢化は極めて深刻な問題です。しかし県の政治を含めて国の政治は、明確な人口減少をどうやって止めるかに焦点を絞り込みすぎて、今ある人たちの命と暮らしをどう守っていくのかという発想が、私に言わせれば、不十分に思います。人口減を食い止めるだけでなく、今ある私たち、それから多くの人生を生き、私たちを導いてくださる先輩方が安心して暮らせる医療介護保険制度の拡充、また、今のような年金制度がもつわけがありません。新しい年金制度の開発、制度設計も不可避と考えます、

そして三つ目に私は教育者として、教育というものが国を富ませ地域を活性化する大きな決め手と考えておりました。この山口は、かつて「防長教育」と言われた教育立県であると。「モノ・カネ」ではなくて人をつくることで地域の活性化と国の発展の原動力としての人材を豊かにしていくことが、二一世紀後半に向けてのこれからの日本、これからの国際社会においては極めて重要だと思います。

「モノ・カネ・力」ではなく、人の絆と輪と、そして共に育みあい、共に喜び合える社会をつ

くるために、なぜ「力による平和」という誤った観念が普及していくのでしょうか。これからは「モノ・カネ・力」ではありません。人の輪と絆をどう政治の場で席捲していくのかが問われていると思います（後略）。

（横田一『シールズ選挙〈野党は共闘〉』緑風出版、二〇一六年、第三章「安倍首相のお膝元・山口での統一候補」に収録、七三〜七六頁）

私は公示に先立ち、少しでも遅れを取り戻すべく「安保法制の廃止を求める山口の会」を立ち上げ、「山口から日本を変える」のタスキをかけて、安保関連法の問題性を、できるだけ分かりやすく説明し、立憲主義を取り戻すためにも廃止を求める運動が不可欠であることを説いて、県内の都市部を中心にしつつも、県内各地を歩いた。講演会や座談会など、様々な場をも積極的に用意していった。

野党三党との政策協定

統一候補であるためには、まずもって野党三党との政策協定を結ぶことが不可欠である。野党三党だけでなく、市民連合や各種の支援組織とも、ほぼ同様の内容での政策協定を結び、政策の一致を確認した。これは全国すべての統一候補が採用したことである。「参院選山口県選挙区選挙にのぞむ基本政策について」と題した政策協定文書の内容は以下の通りである。

参院選山口県選挙区選挙にのぞむ基本政策について

二〇一六年五月二〇日

こうけつ厚
民進党山口県連
日本共産党山口県委員会
社会民主党山口県連

▼TPP協定は撤回し、自給率向上をめざす

安倍政権は、TPPについて、「国民に十分な情報提供を行う」、「農産物の重要五品目」の関税撤廃を認めないとした「国会決議」を完全に無視して、協定批准を強行しようとしています。国民と国会をあざむくものです。これでは協定は撤回しかありません。

国民の食を支え、国土保全にもかけがえのない役割を果たしている農業を守るため、農産物の価格保障と所得補償を組み合わせて、安心して再生産できる農業をつくり、先進国で最低レベルの三九%にまで落ち込んだ食料自給率を、まず五〇%に引き上げることを目標にすえることを強く求めていきます。

▼集団的自衛権行使を容認する閣議決定は撤回し、安全保障関連法制は廃止します

集団的自衛権の行使を容認した安保法制により、日本は事実上の参戦国となってしまいます。自衛官が海外で「命のやりとり」を強いられ、他国から危険な国家と見なされてしまいます。集団的自衛権の行使を容認した閣議決定は撤回し、安保関連法案は廃止をめざします。

他国の脅威を理由に「集団的自衛権の行使」の必要性が叫ばれていますが、万が一、日本が他国から攻撃された場合は、「個別的自衛権」で対処することが可能で、現在の自衛隊は十二分な態勢・能力を備え持っています。自衛隊は「専守防衛」に徹することで、国際社会からの信頼を得ることができます。

▼米軍岩国基地の機能強化は許しません

米軍岩国基地の、いま以上の基地機能強化は容認できません。安倍政権が計画している岩国基地への艦載機部隊移駐は、明らかな機能強化であり、絶対、容認できません。

先般、米側が明らかにしたＦ35の岩国配備も受け入れられません。

▼憲法改悪に反対し、憲法を活かした政治の実現をめざします

安倍政権は、戦後日本の平和と社会の発展を担保してきた憲法を根底から解体・破壊しようとしています。

憲法は、時の権力者（政権）の横暴勝手を許さず、国民の平和と暮らしを守るもの、という「立憲主義」の基本を理解しようとしていません。安倍政権による「憲法改正」は許しません。

憲法九条はもとより、個人の幸福追求権（一三条）、生存権（二五条）、言論表現の自由（二一条）など、世界に誇れる優れた理念が活かされる政治を実現します。

▼上関原発は必要なし。「原発ゼロ」をめざし、再生可能エネルギーを普及します

原発稼働ゼロでも電力不足は生じませんでした。原発の新増設については、安倍首相でさえ、「現状では想定していない」と明言しています。中国電力が計画している上関原発建設は必要ありません。

原発を動かせば、必ず発生する「核のゴミ」の処理方法も確立しておらず、原発を使い続けることはもはや許されません。「原発ゼロ」をめざし、再生可能エネルギーの計画的で飛躍的な普及をすすめます。

▼アベノミクスは百害あって一利もありません

「アベノミクス」は、大企業には史上最高の利益をもたらしましたが、労働者の実質賃金は四年連続マイナス、非正規社員は増えましたが正社員は三年間で二三万人減りました。経済の六割を占める家計消費はマイナスが続き、「頼みの綱」だった大企業の景況感も悪化し、「アベノミクス不況」におちいろうとしています。

大企業・大資産家へ巨額の富が集中する一方、格差と貧困の拡大を放置することは、日本社会にとっても、経済にとっても、良いことは一つもありません。

▼消費税増税は中止し、民主的で公正な税制改革をすすめます

消費税は、所得の少ない人に重くのしかかる不公平な税制であり、消費意欲を失わせる「景気破壊税」です。一〇%への増税は中止を求めます。

大企業向けの四兆円もの減税は中止し、研究開発減税など大企業への優遇税制を抜本的に見直します。所得税の最高税率の引き上げ、高額の株取引や配当への適正な課税を行うなど、富裕層への課税を強化します。

こうした税制改革をすすめれば、社会保障を充実し、国民の暮らしを支える財源をつくり出すことができます。

▼社会保障を充実し、働くルールを確立します

社会保障予算の「自然増」削減路線をストップさせ、拡充へと転換させます。年金削減は中止し、国の責任で、高すぎる医療費の窓口負担・国民健康保険料の軽減、特養ホームの入所待ちの解消、介護保険の利用料・保険料の軽減、過酷な労働条件におかれている介護労働者の待遇改善をはかります。

保育所の待機児童問題は深刻です。国が財政支援を行って、必要な認可保育所を緊急に建設します。保育士の賃金と配置基準を引き上げ、保育士不足を解消します。

雇用のルールを強化し、非正規社員から正規社員への流れをつくります。正規・非正規にかかわらず結婚し、家庭を持てるよう、非正規労働者の処遇改善、社会保険の適用拡大、児童手当の加算、住宅費の支援、給付型奨学金の創設など、若者や家族向けの給付を拡大し、子育て世帯が無理なく暮らせる支援策を講じます。

最低賃金は、「いますぐ、どこでも時給一〇〇〇円」にするため、中小零細企業の社会保険料の減免など、本格的な支援を実現します。

岩国基地の機能強化問題や上関原発建設問題など、山口県固有の課題にしっかり取り組む決意をすると同時に、憲法問題、アベノミクスに関連する経済問題、社会保障問題に関連する内容は、恐らく全国三二の野党統一候補が掲げた政策とほぼ一致する内容であろう。ここには、安倍自公政権の政策への反論と提案、そして何よりも深い怒りが込められていた。

ここに掲げた政策は自民党公認候補とは対抗的な内容であり、有権者側からすれば、その相違点がクリアになっていると捉えていた。後は公示日前後からの運動のなかで、どれだけていねいな説明を繰り返し、理解と賛同を得ることができるかにかかっていた。もちろんこうした内容であれば、間違いなく有権者の関心を引き出し、支持を獲得できる可能性はかなりあるのではないか、と私自身も選対本部も確信することになった。

それにしても、こうした政策協定が野党間で成立したことは、確かに戦後日本の憲政史上においても画期的な出来事であった。むしろ、なぜこれまでこうした政策協定を結び、共同して運動を作ってこられなかったのか、その原因や背景を問わずにはおられなかった。

もちろん、政策協定を締結したからと言って、自公政権に与しない、あるいは与したくないと考えている全ての有権者や労働組合が、全面的に賛同してくれることは、現実には困難であった。とりわけ、上関原発をめぐっては、建設反対には賛同しかねる組合もあることは充分承知していた。政党間でも温度差が存在したのである。その点は、大変気遣いも必要であった。「反原発」より、日本の未来のエネルギー確保をどうするのか、という未来構想を語るなかで、代替エネルギーの開発と普及という政策と抱き合わせる中で､原発依存からの脱却への道筋を示すことが求められた。したがって、そうした意味からいえば、「反原発」というよりも「脱原発」という観点から訴えることになった。

基地問題も同様である。艦載機の岩国基地移駐や基地機能強化に伴う騒音被害など増大が懸念されていたが、それへの対策をどうするのか、という政策的なレベルだけでなく、岩国基地機能強化が近隣諸国との間に緊張関係を引き起こし、紛争や戦争が起きた場合には、真っ先に岩国基地が出撃基地化すると同時に、攻撃目標となり得る可能性について主張しつつ、軍拡の連鎖や戦争危機を生じさせないため、日本の平和外交の前進と平和主義の徹底こそが優先されるべきであることを訴えた。

安保法制廃止を求める会に集う

出馬会見以後、私と支援者たちは、「安保法制の廃止を求める山口市民の会」を設立し、宣伝カーを設えて県内各地での街頭活動を開始した。そのなかではもちろん「参議院予定候補者」として随時名前を連呼することも忘れなかったが、基本は、安保法制がいかに立憲主義にもとる経緯で強行採決されたものであるかを訴える内容が中心だった。

県民の関心の高まりは、予想通りに必ずしも芳しいものではなかったが、参議院選挙の近づくにつれ、段々と聴き手も増えてきたことも確かだった。五月二八日には維新公園ビッグシェルに約一〇〇〇人が参集し、野党三党や市民連合の石田英敬先生の声援を受けながら、私は次のような決意表明を行った。

まずもって本日のこの場に参集された全ての皆さんに、心からの感謝と連帯の気持ちを表したいと思います。

そして、大変にお忙しいなか、本集会のために、この山口まで駆けつけてくださった民進党の近藤幹事長代行、日本共産党の山下副委員長、社会民主党の吉川政調会長の方々に、厚く御礼申し上げます。

ご承知の通り、御三方は各党を代表する最高幹部であり、その方々が山口入りされたことは、山口選挙区への期待の大きさを示すものであります。

さて、私たちの暮らしと憲法は、安倍政治の下で危機に直面しています。

立憲政治を真っ向から否定し、平和と民主主義を根底から覆そうとする安倍政治。私たちの生活を不安に追いやり、戦前政治へと逆走する安倍政治。そして、先のサミットでは現在の世界経済はリーマンショック並みの危機状況にあるとし、これに対応するために財政出動が必要と主張する安倍政治。ここで言う財政出動は、お金のバラマキ以外のなにものでもありません。

安倍首相は、再三「アベノミクスは成功している。経済は回復基調にある」と主張してきました。それにもかかわらず、外交上「経済はリーマンショック並みに危機的状況だ」と主張する。このダブルスタンダードを見逃してはいけない。アベノミクスは、とっくに破綻しているのです。その失敗を認めず、誤った経済政策を強行することは、さらに格差社会を深刻にするだけであります。立憲政治を理解せず、経済の実態を正確に把握できない安倍政治。こんな安倍政治を、私たちは到底許すことはできません。

この安倍政治にブレーキをかけ、私たちの政治や経済を取り戻さねばなりません。七月の参議院選挙は、その一大チャンスです。安倍政治にブレーキをかけるために、野党の三党が共闘して闘うことを英断されたことに、私は深く感動しています。

このたび、私纐纈は、参議院選挙山口選挙区から出馬を決意いたしました。私は皆さんの御力を頂き、全力で戦い抜く覚悟であります。皆さんの御力で、政治の場で私の長年の思いを実践し、実現できるチャンスをも頂こうとしていることに、この場で私は皆さんに心から御礼申しあげたく思います。

確かに自民党は巨大な政党です。その組織力、資金力は私たちの想像を遥かにこえているかも知れません。しかし、平和と民主主義を求める熱い思いは、必ずや自民党という巨大な岩盤を打ち砕くでありましょう。

私たちが団結して同じ夢を見るならば、必ずや現実のものとなるはずです。一人で見る夢は夢でしかありませんが、皆が同じ夢を見るならば、叶わぬ夢も現実となることを、この参議院選挙で示そうではありませんか。

私たちには、平和憲法の保障された豊かに生存する権利を現実のものとする責務があります。それは同時に私たちの子や孫たち、未来の日本や世界を背負う者たちへの責任でもあります。それを私は未来責任と呼びます。

どうか皆さん、この未来責任を果たすためにも、「山口から日本を変える」のスローガンの下、この閉塞した日本を、この圧倒的な保守王国山口から変えていこうではありませんか。

かつてこの地、山口県長州は、長きにわたる幕藩体制を打ち砕く変革発祥の地でありました。その歴史に範を得て、国民の生活を蔑ろにし、平和と民主主義を否定する自公体制を打ち砕く発祥の地にしようではありませんか。

そして、今度の参議院選挙を、安倍政治の、自公体制の終焉の始まりにしようではありませんか。

近代発祥の地である、この山口の歴史に範をとって、この山口から日本を変えるスタートとなる戦いを共に作り上げていこうではありませんか。

万雷の拍手のなかで、私は確かな手応えを感じた。保守王国、安倍首相のお膝元、自民党の硬い岩盤、選挙上手な公明党と、私たちの陣営にはどう見ても不利な材料ばかり。それ故に、何とかこの閉塞した事態を打開したいという気持ちを、参加者一人一人が満身に力を込めて拍手を送ってくれたのだと感じた。

政見放送

そして、政見放送に臨んだ。原稿は選対スタッフの力を借りて下地をつくり、最終的には私が最終稿とする段取りで時間をかけることはなかった。二分三〇秒という限られた時間と、二回しかチャンスが与えられないという窮屈さは感じたが、ここに至っては楽しんでやるしかないと思い、NHKと地元民放三局を、二日間を擁して収録して回った。その政見放送は以下の通りであった。

私は、参議院山口県選挙区に、民進党、共産党、社民党の野党三党と、県民の共同候補として、無所属で出馬しました、こうけつ厚です。

私は、山口大学で二五年間、お世話になり、今年三月末まで六年間副学長をつとめました。学内で教べんをとるかたわら、様々な市民運動にも関わり、多くの方々と出会い、学ばせて頂きました。その意味で、山口県は私の「学校」であり、「第二の古里」でもあります。

いま、自民、公明の強権的な政治によって、民主主義も、日々の暮らしも危機のもとにあります。安倍政権は、戦後、固く守られてきた憲法解釈をねじ曲げ、他国のために自衛隊を海外に出し、自衛隊員に「命のやり取り」をさせる、安全保障関連法を力ずくで成立させました。自衛隊は専守防衛に徹し、万が一日本が攻撃を受けた場合でも、自衛隊の優れた防衛力で対応可能です。平和国家日本を願う多くの反対の声が上がりながら、強権的な手法を採ったことは暴挙と言わざるを得ません。これはまさしく憲法は時の権力者を縛るものである、とする立憲政治を否定するものです。

これに対し、多くの国民が「野党は力を合わせ、安倍政権の暴走ストップを」と声をあげました。

この声に応え、今回の参院選挙で、山口県を含め全国三二ある一人区すべてで野党共同候補が実現しました。これは戦後の憲政史上、実に画期的な出来事です。

さて、みなさん。日々の暮らしにも、不安をお持ちではありませんか。

安倍首相は来年四月からの消費税一〇%への増税を二年半、延期すると発表しました。「新しい判断」なる言葉で、二度にわたり公約を棚上げにされました。これ自体、「アベノミクス」が失敗に帰していることを証明するものです。しかし、安倍首相は、その成果を強調されています。果たしてそうでしょうか。ここに失敗を裏付ける数字がたくさんあります。

例えば、日本経済の六割を占める個人消費が二年連続マイナスです。これは戦後初めての異常事態です。こうした結果もあってか、アベノミクス三年間の実質成長率は、〇・六八%で、民主党政権下の一・三九%より低くなっています。

現在、年収二〇〇万円以下の労働者は、一一三九万人、全体の二四%にも達しています。アベノミクスで潤っているのは、富裕層と大企業だけです。いまや日本は深刻な格差社会となっているのです。そのため、どんな世論調査を見ても七割、八割の人は「アベノミクスによって暮らしが良くなったと実感できない」と答えています。国民は答えをはっきり出しているのです。

立憲政治を全く理解しないまま、憲法の明文改悪を叫び、私たちを不安に陥れる安倍政治。アベノミクスという間違った経済政策に拘り続け、不安を広げる安倍政治。

もうそろそろ終わりにしようではありませんか。そのチャンスが、この参議院選挙です。私は、私は「五つの未来責任」を果たすことをお約束します。

一つ、**次世代に平和をつなぎます。**自衛隊に海外で危険な「命のやり取り」をさせる安保関連法は廃止します。自衛隊は「専守防衛」に徹することで、国際社会からの信頼を得ることができます。さらに、時の権力者から国民の権利を守る立憲主義を取り戻します。

二つ、**広がり続ける格差を是正します。**アベノミクスから三年半経ちましたが、働く人の実質賃金は五年連続マイナス。恩恵は一部の大企業や富裕層、外国投資家のみ。これ以上、エンジンをふかせても、格差は広がるばかりです。

三つ、**将来にわたる安心を約束します。**年金・医療・介護・保育、社会保障の充実は、全ての国民の安心・安全に生活する基盤です。もしもの時のセーフティーネットを構築するとともに、現場で働く〝人財〟への投資も行います。非正規雇用が増え続ける状況では、若者は将来像を描けません。安定した雇用が約束することで、将来への安心につなげます。

四つ、**安全な食を子供たちへ繋げます。**国民の食を支え、国土保全の役割をも果たす農業を守るため、批准の中身が見えないＴＰＰ協定は撤回します。農産物の価格保証と所得補償を組み合わせ、職として成り立つ農業を確立し、自給率向上を目指します。

五つ、**再生可能なエネルギーにシフトします。**福島で事故から五年経った今でも、以前に暮らした地域に帰れない人たちが一〇万人いるといわれています。核のゴミ処理方法も確立していないなか、これ以上原発に依存することはできません。原発ゼロの社会を目指し、地方の財源にもなる再生可能エネルギーにシフトしていきます。

この「五つの未来責任」を果たすことは可能です。私は思っています。一人で見る夢は、単なる夢でしかありませんが、私たち皆が同じ夢を見、行動を起こせば、叶わぬ夢も実現できることを。そのことを今回の選挙で示そうではありませんか。

私たちは憲法で保障された、生存権をもっています。この権利を実現する。このことが今を生きる私たちの責務です。

同時に、私たちの子や孫たち、これから日本や世界を背負う若者たちのために、この責任を果たすのも私たちの責務です。それを私は、「未来責任」と呼んでいます。

この「未来責任」を果たすため、山口から日本を変える、言い換えれば、山口が変わらなければ、日本は変わりません。

平和憲法を守り、立憲主義の回復を願う県民のみなさん。私、こうけつ厚は、平和憲法を守り抜き、民主主義を取り戻すために全力を尽くします。

この参院選挙を自民、公明の厚い岩盤を打ち砕き、自民党政治終焉の始まりとなる、選挙にしようではありませんか。そのため、私、こうけつ厚を応援して頂き、国会に送ってください。よろしくお願いします。ありがとうございました。

選挙が終わって

四月七日の出馬記者会見から、私とスタッフは、公示前までは「安保法制の廃止を求める会」の運動を中心にして山口県内各地で安保関連法や憲法改正問題についての講演会や懇談会、時には街頭演説など、六月二二日の公示日まで県内各地を可能な限り歩いた。反応は地域や参加されるメンバーによって温度差はあったものの、予想を超えた手応えが感じられた。公示後から七月九日までの選挙運動は、天候不順のなか、寒さと暑さのなかで広い県内をていねいに歩いた。

七月一〇日の投票日。即日開票の結果、投票時間終了直後に早くも相手陣営に当確のニュースが流れた。意外にあっけない幕切れであった。ただ、不思議に敗北感はなく、選対スタッフや支援者たちと実に痛快な選挙戦を闘うことができたことに満足感さえ覚えた。

結果は、一八万三〇〇〇票余の獲得であった。

私は、選挙後に次のような内容のスピーチを行なった。

獲得した一八万三〇〇〇票は、私に対してというより、平和と民主主義、そして現行憲法を活かしていきたい、と望まれている皆さまお一人お一人に与えられた票に思います。確かに相手方は、これより二〇万票も多い三九万票以上を獲得したわけで、選挙を勝負に例えれば完全な敗北だったと認めざるを得ません。また、今回の参院選の結果、当初私たちが危惧した改憲勢力に三分の二の議席を取らせてしまったことについて、今後しっかりと検証する必要があります。安倍政権下で、これまで二度続けて敗北を喫し、その後に特定秘密保護法・安保関連法が選挙での勝利を背景に強行採決されてきたように、今回においても改憲への動きに拍車がかかることは必至です。

私も選挙終了後、様々なメディアや出版社から立候補者としてだけでなく、一政治学者として分析を求められています。良く引き合いに出されるように野党共闘が全国三二の一人区全てで実現できたのは、そうした改憲への動きを何としても阻止したい、とする熱い思いが背景にあったこと、しかもそれが市民連合に代表される多くの市民との連携のなかで進展したことは、日本の戦後憲政史上、大きな歴史の転換点であったと思います。

加えて、一一の選挙区で野党統一候補が勝利したことは、まさに画期的な出来事に思います。そして、沖縄、福島・東北での野党統一候補の勝利の意味は、辺野古基地建設問題や原発事故問題など、矛盾が極めて深刻化した地域において、野党統一候補が勝利したことは、そうした問題への早期の解決を望んだ結果でした。

ならば山口県は深刻化した問題がなかったのか、と言えば全くそうでありません。またまた建設に向けて動き出しつつある上関原発問題、艦載機五九機の移駐の可能性が高まっている岩国基地問題など、実は日本全体が抱えているのと同質の問題が山積している山口県にあって、それでもこうした課題に有権者の多くが関心を抱くことも、また、そうした課題に取り組む県内の運動が存在しながら、それが県民有権者の投票行動に結実しなかったのは、なぜかについては厳しく検証し、次に繋げなければならないと思います。

私自身も選対も訴える力が足りなかった、とする振り返りが必要です。言うまでもなく、頑強な保守地盤を背景に市町の地方議員を中心とし、中小零細企業をも含めた企業への働きかけなど、相手方は伝統的かつ強力な組織力と潤沢な資金力をフルに動員した、文字通り組織大動員型の選挙を行いました。徹底した利益誘導の言説と、きめ細かな日常活動は、農村部だけでなく都市部にも貫徹されています。その一方で私たちは、平和と民主主義、あるいは立憲主義の大切さをていねいに説いていく活動と同時に、政治に関わることによって何が変わるのか、何を変えられるのか、について説得的な言葉で行動提起し、それを実行していく責任と抱負を語り続けることが必要に思います。

もうひとつ、私たちの課題としては、各野党間の動きと市民組織との連携については、細部的な点まで含め、多くの克服しなければならない課題が残ったことも指摘せざるを得ません。初めての市民と既成政党とのコラボレーションでしたから、相互の認知不足から派生した戸惑いや〝文化〟の違い、それによる支援者相互のコミュニケーション不足から派生した誤解など。これは何回もコラボレーションを重ねていけば、確実に解消できる問題に思います。大切なことは、あらゆる違いを乗り越えて何を共通目標（＝大義）としていくかで、固い意志一致を形成していくことに思います。

私に寄せられた票は、決して少なくない数字であり、〝憲法を守ろう・活かそう〟と思われている方が山口県には、一八万人以上の方がおられるわけですから、今後は運動の作り方をしっかり検討するなかで、この数字から出発して、これに上乗せしていけば良いわけです。今回の選挙によって、この人数を確認できたことは、本当に大きな成果だと思います。

また、市民連合と野党の連携・共闘という選挙協力の携帯が一過性に終わることなく、「護憲・脱原発・基地負担軽減」など山口県の課題を表した新たな運動体の構築も必要ではないか、とも思います。例えばですが、「護憲平和市民の会（オレンジの木）」のような大同団結可能な組織です。これに既成政党をどう絡ませていくかは、簡単なことではありません。今回の選挙では市民運動と既成野党の、それぞれの限界性も垣間見えたことも確かなことに思います。これをどのように克服していくのか。これからの運動が発展していくか、あるいは限界を抱えたまま現状に甘んじるかの分岐点にあることも確かです。

これから私たちが取り組むべき最大の目標は、県内の市町に一人でも多くの議員を誕生させて行くことです。今回の選挙で強く印象に残ったのは、地方議員の少なさです。活憲も会員から地方議員を生み出していく組織としての役割も担って頂きたいと思います。二〇年以上にわたる素晴らしい活憲の歴史のなかで、そのことへの努力が求められている段階に来ているのではないでしょうか。今回支援頂いた総がかりのメンバーにも慰労会の席上などで、来年春の地方議会選挙に立候補を要請しているところです。

今後、私は一介の言論人・研究者に戻りますが、議員として立候補可能な方々を発掘・養成していくことも大切な活動のひとつとしていきたいと考えています。

そして、最後に私は「こうけつ厚」のホームページに、以下のような御礼の文章を掲げて感謝の意を伝えた。

一八万三八一七人の方々に心からお礼を申します！

皆さんのご期待にお応えすることは、残念ながら叶いませんでしたが、清き一票を投じて頂いた皆さんに心から感謝申し上げます。公示前から投票日直前まで、本当に懸命に支援頂きました。これからも決して忘れることはありません。私にとり、大変な財産となりました。お一人おひとりにお会いし、直接お礼申し上げたい気持ちで一杯です。

今回の選挙では戦後憲政史上、初めての市民と三野党の共闘体制ができ、まさに憲政史上特筆すべき選挙でした。その選挙に皆さんに支えられて立候補させて頂いたことは、私にとりましては大変に光栄な出来事でありました。暴走する安倍政治にストップをかけたいとの思いは、この選挙結果を得て、一段と強くなりました。皆さんのお気持ちも、そこにあると思います。いまこそ、今回の選挙を深く検証しつつ、中長期的な戦略を構築し、いつかは自公政権に代わる「私たちのための政治」を創り上げようではありませんか。今回の選挙は、その〝戦いの始まりの選挙〟だと位置づけたく思います。

今後は一言論人に戻り、安倍政治と日本政治に厳しい論陣を張る一人として奮闘したいと思います。また、どこかでお会いしましょう。皆さんに、万感の思い込めて、もう一度申し上げます。「ありがとうございました」。

あとがき

昨年（二〇一六年）一二月二九日、稲田朋美防衛大臣が就任後初めて靖国神社参拝を行った。第三次安倍内閣で防衛大臣に就任した稲田議員は、それ以前から、靖国参拝の常連の一人である。稲田大臣は、以前の靖国神社参拝の折り、「靖国神社に参拝するのは〝心の問題〟だ」と述べていた。他人や他の国は黙っていてくれ、とでも言いたいのだろうか。〝心の問題だ〟と言い切るのは、「日本のために命を落とした人を祈るのは日本人として当然の行為」として、参拝を正当化するための言動であろう。

もちろん私人としてならば、例えどこで行こうと、自らの行為について説明することは不要だ。私も昨年の夏、家族と一緒に出雲大社をはじめ、山陰に所在する一〇カ所以上の神社を巡り、歴史の機微に触れ、家族の安全と健康を祈念してきた。私人としての行為だから、何を祈念したかは誰にも明かす必要はない。

だが、かつて陸海軍の管理下に置かれ、殉死者を英霊とし、国家主義を扇動し、戦争を美化する装置としての靖国神社に、閣僚・国会議員団のひとりとして、すなわち公人として参拝することが、私人の行為などとは、誰が見ても言えるものではない。

靖国神社が、戦後、国家管理から東京都の管理下の一宗教法人となった現在でも、戦前からの皇国史観を維持し、聖戦思想の普及に努める社《やしろ》であってみれば、公人としての資格で、あるいは明らかに公人であることをほのめかしながらの参拝は、極めて危険な政治行為であることは論を俟たない。政治家で公人としての参拝行為は、近代国家が行ってきた加害の行為を丸ごと是認することに直結する。これは、少なくとも、現在の日本の国是とも相いれないものでもある。

もちろん、歴史についての多様な解釈を頭から拒否するつもりはない。かつての戦争を聖戦だったと捉えたり、靖国神社を殉難者の辛苦を癒す装置として、歴史や政治とは距離を置いたところで捉えている方々も多いことも事実だ。若い人たちのなかにも、それは少なくない。

山口県であれば、大津島の回天基地跡がある。記念館で回天の歴史を辿り、涙する若者もいる。だが、敢えて言いたいことだが、歴史を感情で捉え、涙で曇らせてはいけない。そこには理性が求められる。理性は、これからの自分と未来を正確に映し出す鏡である。公人であれ私人であれ、若者であれ大人たちであれ、理性の終焉とでも表現したくなる現象が顕在化している今日、そのことを強く思わざるを得ない。

靖国神社は極めて政治性を内包した社なのである。そこで「英霊に哀悼の誠をささげる」ということは、日本の加害の責任と侵略戦争の事実を否定することに繋がっていく。いわゆる歴史修正主義・歴史否定論に与することにならざるをえない。靖国神社に参拝する国会議員の多くは、恐らく、かつての戦争は侵略戦争ではなく、聖戦あるいは国家防衛のためのやむをえない戦争などという捉え方をしていることであろう。このこと自体が、すでに由々しき問題である。

憲法改正論者の多くが、実は先の戦争を侵略戦争と把握していない、あるいは把握したくないという思いに駆られている。安倍首相もその一人であるかもしれない。歴史修正主義者は、アメリカにもフランスにも、欧米先進諸国のどこにでもいる。しかし、そのような歴史修正主義者が政権を保持するまでにはまだ至っていない。しかし日本の場合は、すでに歴史の真実を否認する歴史修正主義者が権力を掌握している、世界でも稀有の国家となっている。いま浮上している憲法改正問題において改憲論者は、日本国憲法がかつての戦争は侵略戦争だった、とする歴史認識を明瞭に語っているがゆえに、これを潰してしまいたい、と思っているようだ。

安倍首相に非常に近いとされる稲田防衛大臣も、かつて講演で、「日本人には血を流す覚悟」を求めたいとする発言を行った。「血を流す覚悟」とは、あまりにも危険な発想であり、そこには歴史を教訓としようとする知恵も配慮もない。勇ましい言葉に感動する人々も少なくなかろうが、感動は理性を押し流し、冷静さを奪う。その扇動的な語りかけに、思考さえ停止に追い込まれる。「血を流す覚悟」ではなく、他国と共に生きるために〝汗を流す勇気〟が求められているのではないか。

かつて東京在住時代に足繁く通い詰めた国立国会図書館の貸し出しカウンターの壁面には、ヨハネの福音書（第八章第三二節）から「真理がわれらを自由にする」（Η ΑΛΗΘΕΙΑ ΕΛΕΥΘΕΡΩΣΕΙ ΥΜΑΣ）という言葉がプレートで掲げられている。私の好きな言葉だ。真理を真理として認めず、理性を感情で押し流し、記号のような空虚な言葉で繰り出される物言い。

「新しい判断」なる意味不明な言葉で過ちを認めようとしない姿勢。真理が封印されれば、私たちは自由を奪われていく。本書で何度も使ってきたが、そこに私は権力者たちの罠を感じ取ってしまうのである。

私たちには目標がある。人類が希求する市民平和国家への道だ。まずは日本が先例をつけるべきだ。そのチャンスを私たちは、敗戦を契機に掴むことができた。それを担保するものとして新憲法を獲得した。

新憲法は、平和実現のため、平和国家となるための指針を説いた人類普遍の共生の思想を規範とした優れた憲法である。新憲法に示された指針に従い、平和国家を創造していく責務を私たち日本人は負っている。尊い使命であるがゆえに、世界に人々は期待の思いで日本の今とこれからを注視している。

国会図書館に掲げられた言葉のトーンを踏まえた私の造語だが、〝理性が我らを繋ぐ〟という言葉を、理性が終焉を迎えないために胸に刻み込みたいと思っている。私たちは、国境を越え、思想を超え、歴史を超えて、共生することによってしか生きられない地球社会にいるのだ、という真理を、しっかりとした理性によって受け止めたい。

昨年、一介の大学人であった私は国政の場に挑む機会を与えられた。その内容は「選挙戦に臨んで――『おわりに』にかえて」で述べた通りだ。この間も私は、一貫して言論活動を止めることはなかったが、ここにきて今一度私の思いを、一冊の本に纏めておきたいと強く感じていた。

その思いを、今度も社会評論社の新孝一さんに受け止めて頂いた。また厳しい出版事情に関わらず、果敢に出版の労を採って頂いた代表の松田健二さんにも重ねて御礼を申したい。新さんの優れた編集力で、同社からはこれまで『総力戦体制研究』（新版・二〇一〇年刊）、『侵略戦争と総力戦』（二〇一一年刊）、『日本はなぜ戦争をやめられなかったのか』（二〇一三年刊）という出版実績を積んできた。一九九九年に刊行した『周辺事態法』と合わせて、本書で実に五冊目となる。ここに、あらためて深く感謝の気持ちを記したい。

二〇一七年六月

纐纈厚

纐纈厚（こうけつ・あつし）

1951年生まれ。近現代政治軍事史・現代政治軍事論専攻。政治学博士。

一橋大学大学院社会学研究科博士課程修了。

山口大学人文学部兼独立大学院東アジア研究科教授、山口大学理事・副学長（大学教育機構長）を歴任し、現在山口大学名誉教授。

遼寧師範大学（中国）客員教授、開南大学（台湾）客員教授。東亜歴史文化学会会長などもつとめる。

近年の著作に『近代日本政軍関係の研究』（岩波書店、2005年）、『文民統制——自衛隊はどこへ行くのか』（岩波書店、2005年）、『監視社会の未来——共謀罪・国民保護法と戦時動員体制』（小学館、2007年）、『田中義一——総力戦国家の先導者』（芙蓉書房出版、2009年）、『「日本は支那をみくびりたり」——日中戦争とは何だったのか』（同時代社、2009年）、『私たちの戦争責任——「昭和」初期二〇年と「平成」期二〇年の歴史的考察』（凱風社、2009年）、『新版　総力戦体制研究——日本陸軍の国家総動員構想』（社会評論社、2010年）、『侵略戦争と総力戦』（同、2011年）、『領土問題と歴史認識』（スペース伽耶、2012年）、『日本降伏——迷走する戦争指導の果てに』（日本評論社、2013年）、『日本はなぜ戦争をやめられなかったのか——中心軸なき国家の矛盾』（社会評論社、2013年）、『反〝安倍式積極的平和主義〟論——歴史認識の再検証と私たちの戦争責任』（凱風社、2014年）、『集団的自衛権容認の深層——平和憲法をなきものにする狙いは何か』（日本評論社、2014年）、『暴走する自衛隊』（ちくま新書、2016年）などがある。

権力者たちの罠
共謀罪・自衛隊・安倍政権

2017年8月15日　初版第1刷発行

著　者＊纐纈厚
装　幀＊後藤トシノブ
発行人＊松田健二
発行所＊株式会社社会評論社
東京都文京区本郷2-3-10
tel.03-3814-3861/fax.03-3818-2808
http://www.shahyo.com/
印刷・製本＊株式会社ミツワ

Printed in Japan